# GOVERNADOR da TERRA

Jesus, sob o olhar das últimas descobertas
científicas e da ciência espírita

EDITORA EME

Solicite nosso catálogo completo, com mais de 400 títulos, onde você encontra as melhores opções do bom livro espírita: literatura infantojuvenil, contos, obras biográficas e de autoajuda, mensagens espirituais, romances, estudos doutrinários, obras básicas de Allan Kardec, e mais os esclarecedores cursos e estudos para aplicação no centro espírita – iniciação, mediunidade, reuniões mediúnicas, oratória, desobsessão, fluidos e passes.

E caso não encontre os nossos livros na livraria de sua preferência, solicite o endereço de nosso distribuidor mais próximo de você.

*Edição e distribuição*

**EDITORA EME**
Caixa Postal 1820 – CEP 13360-000 – Capivari-SP
Telefones: (19) 3491-7000 | 3491-5449
Vivo (19) 9 9983-2575 ☺ | Claro (19) 9 9317-2800
vendas@editoraeme.com.br – www.editoraeme.com.br

# Juliano P. Fagundes

# GOVERNADOR *da* TERRA

Jesus, sob o olhar das últimas descobertas
científicas e da ciência espírita

Capivari-SP
– 2020 –

Os direitos autorais desta obra foram cedidos pelo autor para a Editora EME, o que propicia a venda dos livros com preços mais acessíveis e a manutenção de campanhas com preços especiais a Clubes do Livro de todo o Brasil.

A Editora EME mantém o Centro Espírita "Mensagem de Esperança" e patrocina, junto com outras empresas, instituições de atendimento social de Capivari-SP.

1ª reimpressão – julho/2020 – de 3.001 a 4.500 exemplares

CAPA | André Stenico
PROJETO GRÁFICO E DIAGRAMAÇÃO | Marco Melo
REVISÃO | Rubens Toledo

Ficha catalográfica

Fagundes, Juliano P., 1977
    O governador da Terra / Juliano P. Fagundes – 1ª reimp. jul. 2020 – Capivari, SP: Editora EME.
    256 p.

    1ª ed. dez. 2019
    ISBN 978-85-9544-131-6

1. Jesus, o Cristo. 2. Jesus e a história. 3. Teoria científica dos evangelhos. 4. Espiritismo. 5. Cultura judaica.
I. TÍTULO.

CDD 133.9

# Sumário

# Agradecimentos

AGRADEÇO PRIMEIRAMENTE A Deus, sem o qual eu não poderia realizar qualquer trabalho e a Jesus, nosso eterno guia moral, com suas inolvidáveis lições de incomparável valor. Muito obrigado ao irmão César, meu mentor amigo, que sempre me orienta na melhor tomada de decisões. Obrigado à minha amada esposa Eliane, pelo amor, fé e amizade que dedica a mim e também pelo apurado senso crítico que sempre me salva de elucubrações improfícuas. Obrigado aos meus filhos, Catarina e Ian que sempre se empolgam com qualquer projeto que eu queira realizar. Obrigado à minha mãe, Nerilda, que está sempre lá para me apoiar. Um obrigado especial aos irmãos da Academia Espírita de Letras do Estado de Goiás pela inspiração constante e por sempre me instigarem ao aprofundamento das reflexões resultantes de qualquer estudo. E um obrigado final à espiritualidade amiga, que nunca nos abandona, sempre paciente frente à nossa inerente teimosia.

# PREFÁCIO

A VIDA DE um pesquisador-escritor é deveras curiosa: em primeira instância tudo o que existe no mundo – ou além dele –, pode servir de matéria-prima para o desenvolvimento de um novo projeto. Portanto, seguimos assim, observando o bater de asas de uma borboleta com o mesmo interesse que acompanhamos o desenrolar do Brexit, na busca serena, mas incessante, daquilo que nos desperte o imo da alma, tornando-se um especial objeto de nossa atenção, onde dedicaremos dias, meses e até anos na busca de um entendimento maior, registrando nossas descobertas para a posteridade. No entanto, antes de ser pesquisador ou escritor, sendo primeiramente espírita, cada olhar lançado ao mundo vem imbuído de um direcionamento específico, afinal o espiritismo vem para nos conectar com nosso verdadeiro mundo: o espiritual.

Em nossa obra anterior, *Causa e origem dos nossos males*, conseguimos sobrepor numa mesma linha de raciocínio, o conhecimento antropológico tradicional com nossa história espiritual, num casamento perfeito que nos permitiu rastrear as raízes ancestrais de nossos mais graves desvios morais. E, entre as várias obras que havíamos selecionado durante a pesquisa da referente obra, para estudar em um segundo momento, estavam algumas sobre o cristianismo e outras sobre Jesus. Assim, em 2016, quando finalmente passei a lê-las, impressionei-me sobremaneira com a quantidade de informações disponíveis sobre o Jesus histórico e a época em que viveu, sobretudo uma em que um historiador iraniano e muçulmano dividia, além de ricos dados históricos, uma visão muito particular de Jesus, como um zelota revolucionário e nada pacifista, cujos atos carregavam uma forte conotação política. E apesar de, não só dessa, mas de tantas outras fontes com informações duvidosas sobre Jesus, a leitura de tais textos despertou-nos para uma possibilidade desafiadora: seria possível filtrar as informações disponíveis, descrevendo em detalhes como fora a vida de Jesus, o homem por detrás de Jesus, o Cristo? Haveria conteúdo relevante – e confiável – que nos permitisse narrar com segurança e certa neutralidade como fora a vida do Mestre, de sua família, de seus seguidores, de seus inimigos e até de seu tempo, com alguma fidelidade? E após alguma pesquisa, veio a resposta: sim! Na verdade inúmeros aspectos da vida de Jesus já haviam sido levantados por diversos pesquisadores em várias partes do mundo.

Tomamos para nós o desafio e munidos de altas doses de paciência e bom-senso, além da indispensável inspiração do Alto, organizamos as mais relevantes informações que encontramos para traçar o melhor perfil do Mestre, das pessoas que o cercaram, além da sociedade e do tempo em que viveu.

**O autor**

# Introdução

Jesus de Nazaré! Dentre tantas personalidades que deixaram marcas neste mundo, nenhuma pode ser comparada a este homem, a figura mais influente que já caminhou sobre a Terra. Seu nascimento dividiu a História em duas: antes e depois dele. O ano do seu nascimento, para o mundo cristão e boa parte do planeta, é a base do calendário.

Ainda hoje, vários aspectos da vida de Jesus, da chegada ao mundo à crucificação e os acontecimentos que se verificaram depois de sua morte, permanecem envoltos em um insondável mistério e dogmas, como a concepção da Virgem Maria, o desaparecimento do seu corpo e as aparições *post-mortem* testemunhadas pelos apóstolos.

O véu de mistério, porém, sobre essa vida repleta de fenômenos começou a ser levantado com a chegada do espiritismo, doutrina codificada por Allan Kardec, pensador francês, na segunda metade do século XIX. Sobre Jesus, o codificador afirma que não prejulgaria a *natureza* do Cristo, considerando-o um espírito superior, sem deixar de reconhecê-lo como um dos de ordem mais elevada e colocado, por suas virtudes, muitíssimo acima da humanidade terrestre.

Pelos importantes feitos produzidos, Kardec comparou a encarnação do Cristo neste mundo às grandiosas missões que Deus reserva apenas aos Seus mensageiros diretos para o cumprimento de Seus desígnios, o que faz de Jesus um verdadeiro Messias divino.

O mestre lionês assinala ainda que Jesus, como homem, tinha a organização dos seres carnais; no entanto, como espírito puro e desprendido da matéria, vivia mais da vida espiritual do que da vida corporal, não estando suscetível às fraquezas da matéria. A sua superioridade com relação aos homens derivaria de seu espírito, que dominava a matéria de modo absoluto, e de seu perispírito, construído da parte mais quintessenciada e sutil dos fluidos terrestres.

Ainda com base em Allan Kardec, sua alma, provavelmente, não se achava presa ao corpo senão pelos laços essenciais. Constantemente desprendida, possuía dupla vista permanente, com uma excepcional penetração e muito superior à de qualquer ser humano. O mesmo acontecia com relação a todos os fenômenos que dependessem dos seus fluidos perispirituais ou psíquicos. A qualidade desses fluidos lhe conferia imenso poder magnético, fortalecido pelo incessante desejo de fazer o bem[1].

Emmanuel, autor espiritual de várias obras psicografadas por Francisco Cândido Xavier, conta que, na dire-

---

1.    *A Gênese*, de Allan Kardec, Cap. 15.

ção de todos os fenômenos do nosso sistema solar, existe uma comunidade de espíritos puros, eleitos por Deus. Essa comunidade de seres angélicos e perfeitos – da qual Jesus é um dos membros divinos –, ao que nos foi dado saber, já se reuniu por duas vezes, nas proximidades da Terra, para a solução de problemas decisivos da organização e da direção do nosso planeta.

A primeira reunião dessas entidades celestiais teria acontecido na época em que o orbe terrestre se desprendia da nebulosa solar, a fim de que se tornasse um novo planeta, pronto a abrigar vida; e a segunda reunião, para se tomar certas decisões quanto à sua vinda à Terra, trazendo à humanidade a lição imortal do seu Evangelho de amor e redenção[2].

O mentor de Chico Xavier narra um pouco do processo pelo qual Jesus, o "divino escultor", liderando legiões de espíritos, moldou o planeta e a vida que há nele, vencendo o caos da profusão de energias de um mundo ainda em formação. Assim, Jesus trabalhou sobre a matéria informe que lhe chegou às mãos, talhando a escultura geológica do orbe terreno, com amor e justiça.

Com exércitos de trabalhadores devotados, definiu os regulamentos dos fenômenos físicos da Terra; organizou o seu equilíbrio futuro com base em propriedades simples de matéria, a partir de princípios estabelecidos por toda parte no universo galáctico.

Em seguida, organizou o campo para o surgimento

---

2. *A caminho da luz*, de Emmanuel, psicografado por Francisco Cândido Xavier, Cap. 1.

da vida, criando as condições indispensáveis à existência dos seres do porvir. Fez a pressão atmosférica adequada aos seres humanos que viriam no futuro; estabeleceu os centros de força da ionosfera e da estratosfera, onde se equilibram os fenômenos elétricos da existência planetária, e edificou usinas de Ozônio a 40 e 60 quilômetros de altitude, para que filtrassem convenientemente os raios solares, manipulando a composição desses elementos com vistas à manutenção da vida organizada no orbe.

Posteriormente definiu todas as linhas de progresso da humanidade futura, programando a harmonia de todas as forças físicas que presidem ao ciclo das atividades planetárias[3].

Quem dera pudéssemos ir além, e conhecer os desafios que Jesus vivenciou em suas encarnações pregressas, até tornar-se um dos Cristos cósmicos. Mas sabemos de nossa pequenez e essa pesquisa, se fosse empreendida, entregaria resultados tão incompletos quanto inexatos.

Portanto, nas páginas a seguir, contentamo-nos em apresentar uma mescla de informações históricas, arqueológicas, religiosas e científico-espíritas que, ao mesmo tempo em que informam em que ponto andam as descobertas "oficiais" da ciência sobre a vida de Jesus, apresentam os esclarecimentos trazidos pelos espíritos superiores. Um pouco do que se sabe sobre sua passagem na Terra, bem como o contexto sob o qual derramou na Terra seus mais sublimes ensinamentos. Uma

---

3. *A caminho da luz*, de Emmanuel, psicografado por Francisco Cândido Xavier, Cap. 1.

obra que foi uma emocionante viagem, em que inicia-
mos há bilhões de anos, durante a construção de nosso
orbe, passando pela antiga Palestina, onde nos detemos
pela maior parte do tempo e daí passando pelo século
XIX com a codificação espírita até a revelação do Brasil
como Pátria do Evangelho.

Como sugestão para que o conteúdo da obra seja
melhor compreendido, recomendamos que a leitura
seja feita tendo-se em mãos um exemplar de *O Novo
Testamento*, acompanhando a indicação das referências
de rodapé. Acreditamos que, além de enriquecer a experiência do estudo, ainda será de grande auxílio para
se contextualizar melhor o texto presente em ambas as
obras – embora sua ausência não vá resultar em prejuízo
no entendimento.

# Contexto histórico

Jesus nasceu como judeu, em raça, cultura e religião. O termo *judeu* vem de Judá, território que ocupava metade da estreita faixa de terra à margem do Mar Mediterrâneo, há muito conhecida como Palestina. Seus ancestrais, tradicionalmente conhecidos como hebreus, cujo significado é "povo que atravessou", eram, em essência, viajantes.

Dos espíritos degredados na Terra, que corporificaram a raça humana, foram os hebreus que constituíram a raça mais forte e mais homogênea, mantendo inalterados os seus caracteres através de todas as mutações.

Examinando esse povo notável no seu passado longínquo, reconhecemos que, se era grande sua certeza na existência de Deus, muito grande também era o seu orgulho, dentro de suas concepções do que seria a verdade e a vida.

Conscientes da superioridade de seus valores, o povo hebreu nunca perdeu a oportunidade de demonstrar a sua vaidosa aristocracia espiritual, mantendo-se pouco acessível à comunhão com outras raças do orbe. Entretanto, precisamos reconhecer que, à frente de outros povos, ensinou em todos os tempos a fraternidade, sustentada sobre uma fé soberana e bem arregimentada[4].

Os judeus consideravam Jerusalém a *terra santa*. No entanto, em 63 a.C., os romanos invadiram a região da Palestina, nome dado pelos invasores à vasta extensão de terra que abrange os atuais Estados de Israel e Palestina, grande parte da Jordânia, Síria e Líbano.

Donos do maior e mais extraordinário império do mundo, apesar da dominação, os romanos conferiam certa independência às suas colônias, desde que fossem submissas, obedientes e pagassem seus impostos. À época, os romanos escolheram um líder local, Herodes, a quem delegaram poder e deram o título de rei, concedendo considerável liberdade religiosa aos judeus[5].

Mesmo com seu território ocupado por um pequeno grupamento do exército romano, os judeus conseguiram conservar sua cultura e religião, e seu dia a dia manteve-se governado por poderosas tradições. E talvez tenha sido esse o "milagre" que salvou a religião judaica: uma incrível resistência, século após século.

---

4.  *A caminho da luz*, de Emmanuel, psicografado por Francisco Cândido Xavier, Cap. 7.
5.  Acredita-se que foi próximo ao fim do reinado de Herodes que Jesus nasceu, possivelmente em 6 a.C.

# A FORÇA DA FÉ

A IDEIA DE um ser supremo, criador de tudo, dominava a cultura judaica. Para eles, não era apenas Deus, era o *Deus dos judeus,* invisível e imortal, detentor de enorme poder e conhecimento, temperados com uma imensa capacidade de sentir amor e raiva. Tendo criado o ser humano à sua imagem e tendo-o dotado de livre-arbítrio, concedendo-lhe o direito de escolher entre o bem e o mal, assim, se obedecesse às leis de Deus, seria ajudado por Ele. Deus, ou *Yahweh,* era o pai; os judeus, os filhos.

Quem desobedecesse à vontade de *Yahweh* era considerado pecador – não apenas quanto a preceitos morais, mas também quanto a regras formais e culturais formuladas por Moisés e registradas nos livros do *Antigo Testamento.* A descrença – ateísmo ou agnosticismo – era igualmente considerada pecado. Foram esses os valores judaicos que Jesus recebeu desde criança.

Uma outra crença forte entre os judeus era a fé no fim do mundo. Portanto, essa não é uma novidade dos últimos anos. Já no século I, havia uma expectativa entre os judeus de que o apocalipse viria a qualquer instante.

Pretensos profetas, pregadores e messias caminhavam pela *terra santa* proclamando mensagens do iminente julgamento de Deus, e no reino de Israel sucediam-se as tribos e os considerados enviados do Senhor, cheios de anúncios proféticos e consoladores acerca daquele que viria ao mundo para ser glorificado como o Cordeiro de Deus.

A cada século renovavam-se as profecias e cada templo esperava a palavra de ordem dos Céus, através daquele que viria como o "salvador do mundo". Os doutores da Lei, no templo de Jerusalém, confabulavam, respeitosos, sobre o Divino Missionário. E na sua vaidade orgulhosa, esperavam-no no seu carro vitorioso, para proclamar aos quatro ventos, a superioridade de Israel e operar todos os milagres e prodígios.

# Registros oficiais

E, RECORDANDO ESSES apontamentos da História, somos naturalmente levados a perguntar o porquê da preferência de Jesus em reencarnar pela árvore de Davi, para levar a efeito suas divinas lições à Humanidade. A própria lógica, porém, nos faz reconhecer que, de todos os povos de então, sendo Israel o mais crente, era também o mais necessitado, dada a sua vaidade exclusivista e pretensiosa.

Como o próprio Mestre afirma, a quem muito é dado, muito será exigido[6], e os israelitas haviam conquistado muito, do Alto, em matéria de fé, sendo justo que se lhes exigisse um grau equivalente de compreensão, em matéria de humildade e de amor.

Fora do *Novo Testamento*, não há quase nenhum vestígio do homem que iria alterar de modo permanente o curso da História humana. A referência não bíblica mais antiga e mais confiável de Jesus é do historiador judeu Flávio Josefo, do século I. Ele conta a história de

---

6.    Lucas 12:48.

um cruel sumo sacerdote judeu chamado Ananus que, após a morte do governador romano Festo, condenou ilegalmente um certo "Tiago, irmão de Jesus, o que eles chamam de Messias" a apedrejamento por transgressão da lei.

Apesar de ser uma referência um tanto vaga, ela, no entanto, possui enorme valor para todos aqueles que procuram os sinais do Jesus histórico. Em uma sociedade sem sobrenomes, um nome comum como Tiago exigia um apelativo específico – lugar de nascimento ou o nome do pai – para distingui-lo de todos os "Tiagos" que haviam na Palestina (Jesus *de Nazaré* é um exemplo claro disso).

Nesse caso, o apelativo de Tiago foi fornecido por alguém com quem tinha forte e conhecida ligação fraternal. A passagem prova não apenas que Jesus, "o que eles chamam de Messias", provavelmente existiu, mas que pelo ano de 94 d.C., quando a obra *Antiguidades* foi escrita, era amplamente reconhecido como o fundador de um movimento marcante.

Outras conhecidas referências quanto à existência de Jesus vêm de alguns historiadores do século II, como Tácito[7], e Plínio, o Jovem[8], que mencionam Jesus de Nazaré em seus registros e, embora revelem pouco sobre ele, além de sua prisão e execução, mantêm-se como importantes notas históricas.

O primeiro testemunho escrito que temos sobre Je-

---

7. Morto em 118.
8. Morto em 113.

sus de Nazaré vem das epístolas de Paulo, um dos primeiros seguidores de Jesus, que morreu por volta de 66 d.C.[9] A polêmica em torno de Paulo é que ele exibe um claro desinteresse pelo Jesus histórico. Apenas três cenas da vida de Jesus são mencionadas em suas epístolas: a Última Ceia[10], a Crucificação[11], e, mais importante para Paulo, a Ressurreição, sem a qual, segundo ele, qualquer pregação seria vazia, e a fé, vã[12].

Os evangelhos em si apresentam seu próprio conjunto de questões. É preciso reconhecer que, do ponto de vista histórico, com a possível exceção do *Evangelho de Lucas*, nenhum dos pergaminhos contendo os evangelhos, que foram encontrados, foi escrito pela pessoa que o nomeia. Provavelmente são compilações de originais perdidos. E isso acontece com a maioria dos livros do *Novo Testamento*. Dentre os evangelhos canônicos, o que é considerado o primeiro a ter sido escrito foi o de Marcos.

Tais obras são chamadas pseudoepígrafas – atribuídas a um autor específico, mas não escritas por ele – e eram extremamente comuns no mundo antigo e não devem ser, de forma alguma, consideradas plágios ou falsificações.

O espírito Emmanuel nos diz que os mensageiros do Cristo assistiram à redação dos textos definitivos

---

9.  A primeira epístola de Paulo, 1 Tessalonicenses, pode ser datada entre 48 e 50 d.C., cerca de duas décadas depois da morte de Jesus.
10.  1 Coríntios 11:23-26.
11.  1 Coríntios 2:2.
12.  1 Coríntios 15:14.

do Evangelho, visando o futuro, não somente junto aos apóstolos e seus discípulos, mas igualmente junto aos núcleos das tradições. Os cristãos mais destacados trocavam, entre si, cartas de alto valor doutrinário para as diversas igrejas. A grandeza da doutrina cristã não residiria na circunstância do Evangelho ser de Marcos ou de Mateus, de Lucas ou de João; mas na beleza imortal que se irradia de suas lições divinas, atravessando as eras e conquistando corações[13].

Posteriormente Emmanuel publicaria uma obra com uma passagem das mais interessantes, narrando como foi escrito o primeiro Evangelho – que segundo Emmanuel é o de Mateus[14] – e como este foi compilado pelos primeiros grupos cristãos.

Frente a essas informações, seria prematuro julgar que os registros arqueológicos confundiriam as afirmações de Emmanuel, mas apenas que, em tese, ainda não foram encontrados os livros originais de Mateus, e o que se tem hoje são compilações, possivelmente feitas a partir de um original, sendo que, de todas as compilações dos evangelhos encontradas, a mais antiga é a de Marcos, considerado, portanto, entre arqueólogos, historiadores e pesquisadores de modo geral, como o primeiro Evangelho escrito.

Independentemente disso, os evangelhos não são,

---

13. *A caminho da luz*, de Emmanuel, psicografado por Francisco Cândido Xavier, lançado em 1938, Cap. 14.

14. Tal passagem, conhecida por constar em Mateus 10:6-7 e registrada na obra *Paulo e Estêvão*, de Emmanuel, psicografada por Francisco Cândido Xavier, Cap. 5, lançado em 1941, atesta que *O Evangelho de Mateus* teria sido o primeiro registro acerca da vida e obra de Jesus.

nem foram jamais pensados para ser uma documentação histórica da vida de Jesus. Eles não tinham o objetivo de serem relatos de testemunhas oculares das palavras e atos de Jesus. São, acima de tudo, testemunhos de fé. Por isso, os evangelhos contam sobre Jesus, o Cristo, e não sobre Jesus, o homem.

# A TEORIA CIENTÍFICA MAIS ACEITA

SABEMOS QUE A comunidade científica internacional está ainda muito longe de considerar as palavras do espírito Emmanuel, psicografadas por Chico Xavier, como uma verdade absoluta. No entanto, seguindo os conselhos de Allan Kardec, nós, como espíritas, devemos ficar de olhos abertos quanto ao andamento das pesquisas científicas, aguardando a validação – ou não – das informações enviadas por Emmanuel. Até hoje as palavras do benfeitor não foram contrapostas por nenhuma nova descoberta.

Entre os pesquisadores a "teoria das duas fontes" é hoje a mais aceita sobre a formação dos evangelhos – embora não seja uma unanimidade –, sustentando que o testemunho de Marcos foi escrito algum tempo depois de 70 d.C., cerca de quatro décadas depois da morte de Jesus. Marcos teria tido à disposição um conjunto de tradições orais e talvez um punhado de tradições escritas que haviam sido repassadas pelos primeiros seguidores de Jesus. Ao adicionar uma narrativa cronológica a este amontoado de tradições, Marcos, sem saber, havia criado um gênero literário inédito, chamado *evangelho,* palavra que significa boa notícia, boa-nova.

Contudo, o *Evangelho de Marcos* é, para muitos cristãos, insatisfatório, por ser muito curto e um tanto vago. Não há, por exemplo, narrativas sobre a infância de Jesus, ele simplesmente chega, um dia, às margens do Rio Jordão para ser batizado por João Batista. Não há aparições após a ressurreição. Jesus é crucificado, seu corpo é colocado em um sepulcro, e poucos dias depois o túmulo está vazio.

Assim, teoricamente, teriam os sucessores de Marcos – Mateus e Lucas – aperfeiçoado o texto original. Aproximadamente duas décadas depois de Marcos, entre 90 e 100 d.C., os autores de Mateus e Lucas, trabalhando de forma independente um do outro e tomando o manuscrito de Marcos por modelo, teriam atualizado a história do Evangelho, adicionando suas próprias e exclusivas tradições, incluindo duas narrativas da infância diferentes e conflitantes e uma série de histórias de ressurreição.

Mateus e Lucas também poderiam ter se baseado no que deve ter sido uma coleção antiga e bastante difundida de ditos de Jesus que os estudiosos têm denominado $Q^{15}$. Embora já não tenhamos nenhuma cópia física desse documento, podemos inferir seu conteúdo compilando versos que Mateus e Lucas têm em comum, mas que não aparecem em Marcos. Juntos, esses três evangelhos, Marcos, Mateus e Lucas, tornaram-se conhecidos como

---

15. Do alemão *Quelle,* ou "fonte".

os sinóticos[16], porque eles mais ou menos apresentam uma narrativa e uma cronologia iguais sobre a vida e o ministério de Jesus, mas que possuem certo desacordo com o quarto Evangelho, o de João, que foi, provavelmente, escrito logo após o fim do século I, entre 100 e 120 d.C. Estes são, assim, os evangelhos canônicos. Mas eles não são os únicos evangelhos.

Temos hoje acesso a uma biblioteca inteira de escrituras não canônicas, escritas principalmente nos séculos II e III, que fornecem uma perspectiva muito diferente sobre a vida de Jesus de Nazaré. Estas incluem o *Evangelho de Tomé*, o *Evangelho de Filipe*, o *Livro Secreto de João*, o *Evangelho de Maria Madalena* e uma série de outros chamados evangelhos gnósticos, descobertos no alto Egito[17].

Embora eles tenham sido deixados de fora do que se tornaria o *Novo Testamento*, esses livros são importantes na medida em que demonstram a dramática divergência de opinião que existia sobre quem era Jesus e o que Jesus significava, mesmo entre aqueles que andaram com ele, que compartilharam seu pão e comeram com ele, que ouviram suas palavras e oraram juntos. No final, há apenas dois fatos históricos efetivos sobre Jesus de Nazaré nos quais podemos realmente confiar: o primeiro é que foi um judeu que, de certa forma, liderou um movimento popular judaico na Palestina no início do século I d.C.; o segundo, que Roma o crucificou por isso.

---

16. Grego para "vistos juntos". (**Sinótico ou sinóptico (syn + optico) pode ser traduzido ainda como "resumido". Também desse termo derivou a palavra "sinopse". N. do Revisor**)
17. Perto da cidade de Nag Hammadi, em 1945.

Por si sós, esses dois fatos não podem fornecer um retrato completo da vida de um homem que viveu há 2 mil anos. Mas quando combinados com tudo o que sabemos sobre a época tumultuada em que Jesus viveu – e graças aos registros romanos sabemos bastante –, esses dois fatos ajudam retratar Jesus de Nazaré com um pouco mais de precisão histórica do que o registrado pelos evangelhos.

# A INTERPRETAÇÃO DOS FATOS

FAZENDO UMA PAUSA em nossas colocações a respeito de Jesus e o contexto histórico em que viveu, é importante que tratemos, nesse instante, de um assunto que daqui em diante será de fundamental importância: como interpretar fatos históricos.

Consideremos o seguinte: a crucificação era uma punição que Roma reservava quase exclusivamente para o crime de sedição. A placa que os romanos colocaram acima da cabeça de Jesus enquanto ele se contorcia de dor[18] era chamada de *titulus*, e, apesar da percepção comum, não era para ser sarcástica. Todo criminoso que era pendurado em uma cruz recebia uma placa declarando o crime específico pelo qual estava sendo executado.

A crucificação tinha por objetivo ser um espetáculo pérfido: a mais dolorosa e humilhante morte possível. Era utilizada para punir escravos, piratas e inimigos do

---

18. Onde se podia ler a inscrição "INRI - Jesus de Nazaré - Rei dos Judeus".

Estado. Originalmente era reservada para, e posteriormente ampliada, cidadãos das classes baixas.

De acordo com o Direito Romano, se um escravo assassinasse seu senhor ou senhora, todos os escravos do senhor ou senhora seriam crucificados como punição. Ambos homens e mulheres eram crucificados. Tácito registrou que, quando Lúcio Pedânio Segundo, foi assassinado por um escravo, alguns senadores tentaram impedir a crucificação em massa dos seus quatrocentos escravos, porque havia muitas mulheres e crianças, mas ao fim a tradição venceu e eles foram todos executados.

A crucificação era uma morte tão pérfida e humilhante que o assunto era um tabu na cultura romana, e algumas poucas crucificações foram especificamente documentadas. Uma das poucas crucificações femininas que temos documentada é a de Ida, uma liberta (ex-escrava) que foi crucificada por ordem de Tibério.

O crime de Jesus, aos olhos das autoridades judaicas, foi o de blasfêmia por ter alegado ser o filho de Deus, o Messias; e, aos olhos de Roma, o de buscar o poder político de um rei, ou se autointitular como tal (ou seja, traição). E Jesus também não morreu sozinho. Os evangelhos afirmam que em ambos os lados de Jesus estavam pendurados homens, considerados bandidos, talvez insurretos ou rebeldes.

Três rebeldes em uma colina coberta de cruzes, cada cruz com o corpo torturado e ensanguentado de um homem que ousou desafiar a vontade de Roma. Essa imagem trágica parece contrastar com os registros dos evangelhos de Jesus, como um homem de paz incondicional quase totalmente isolado das convulsões políticas de seu tempo.

Será que os escritores dos evangelhos, de alguma forma, amainaram o caráter revolucionário da mensagem e do movimento de Jesus?

São diversas e infindas as causas dos fatos históricos; analisar-lhes as origens principais implica um posicionamento cultural, político e ideológico. Ou seja, é necessário que ampliemos nosso ponto de vista. A própria classificação de algo como fato histórico já remete a uma determinada maneira de interpretar os fatos passados. A maneira mais tradicional é o relato de fatos relevantes, envolvendo personagens importantes ou até aspectos estranhos e bizarros, despertando a imaginação de leitores e ouvintes[19].

O registro da História surgiu dentro do universo da cultura grega. Não que outras civilizações – como os sumérios, assírios, babilônios e egípcios – não mantivessem um registro dos fatos passados. Mas as compilações destes povos não tinham caráter pedagógico; não se procurava tirar algum ensinamento dos fatos passados. Os registros das batalhas realizadas por determinado soberano, listando número de prisioneiros, quantidade de cidades incendiadas ou o nome dos filhos, tinham, essencialmente, um caráter propagandístico. Não existia o objetivo pedagógico de ensinar à geração atual ou futura, através do registro dos fatos; o fim da compilação dos acontecimentos é político: impressionar e intimidar os contemporâneos, eventuais rivais, ou visando imprimir aos ouvintes as virtudes da honra e do patriotismo.

---

19. *História da Civilização Ocidental* – Vol. II, de Edward Marcos Nall Burns.

A grande revolução na maneira de interpretar os fatos históricos aconteceu quando o cristianismo assumiu a hegemonia política – e principalmente cultural – na Europa do século IV. As culturas não cristãs – à exceção do judaísmo, do qual o cristianismo é herdeiro – não enxergavam a História como tendo um sentido global. Antes do surgimento da visão cristã da História, cada cultura tinha sua visão particular dela, e não havia um centro unificador a partir do qual todas as "Histórias" – dos povos, das cidades, das instituições e até dos indivíduos – se uniam e faziam parte de um todo. No máximo, o desenrolar histórico – se pudesse contar com a ajuda dos deuses – visava a supremacia de certo povo sobre os outros, assim como Roma se enxergava pela pena de seus historiadores ou como os próprios judeus enxergavam sua supremacia sobre os outros povos, considerando-se povo escolhido de Deus.

Mesmo durante o período da hegemonia romana em parte do Mundo Antigo, povos como os egípcios, gregos e judeus não se sentiam como parte, por exemplo, da História romana. Cada povo centrado em suas próprias tradições explicava a criação do mundo, das leis, das instituições e os fatos relevantes a partir de seu próprio ponto de vista e considerava outros povos apenas como figurantes de sua História[20].

---

20.  Em 587 a.C., os poderosos babilônios conquistaram Jerusalém, em um dos eventos traumáticos na longa história de um povo que suportou vários infortúnios e desastres. Muitos dos judeus mais influentes foram deportados para a Babilônia. No exílio, refletiram sobre suas desventuras, e se perguntaram se teriam ofendido tanto a Deus, para receber tal castigo. Em menos de meio século, os persas tomaram a Babilônia, e a maioria dos

A hegemonia da religião cristã e de sua doutrina universalista teve uma profunda influência na cultura. Para o cristianismo a criação do mundo e de todos os povos que o habitam tinha um objetivo único, válido para todos os tempos: a união de todos com Deus. Com o Deus cristão, evidentemente. Com a formação de uma cultura (literária, filosófica e histórica) especificamente cristã, a visão que o cristianismo tem do processo histórico passa a ser incorporada pela cultura oficial. Assim, o indivíduo concreto, a sociedade a que pertence, o período histórico em que vive, as instituições que respeita e mantêm, os ideais que compartilha; tudo é visto sob a ótica da ideologia cristã, que passa a conferir um sentido ao processo histórico e ao universo. No início, está a criação, e, no final, o Juízo Final, com a vinda do Cristo.

É a partir desse ponto de vista cristão, no qual todos os acontecimentos históricos têm um sentido e são dirigidos por Deus para um determinado fim, que o estudo da História começa a se desenvolver. Desde o final da Antiguidade a História é sempre uma questão de interpretação; não existe um ponto de vista absoluto. Toda a visão cristã[21] da História é somente uma maneira de

judeus pôde retornar a sua terra, onde, por volta de 520 a.C., começou a reconstrução do templo. A partir do retorno do exílio babilônico, os judeus desenvolveram toda uma teodiceia, que incluía os outros povos, mas na qual eles mesmos se consideravam os protagonistas principais. A maior parte dos hinos que eles cantavam – os salmos – tinham sido compostos durante o exílio na Babilônia e o triunfante retorno a Jerusalém.

21. Se, ao invés de uma visão cristã, tivermos uma visão, por exemplo, marxista, é, da mesma forma, mais uma maneira de ver e analisar a sucessão de fatos que se consideram importantes, e encaixá-los em

ver e analisar a sucessão de fatos que se consideram importantes, e encaixá-los em determinada interpretação – como se querendo provar algo, que o Reino de Deus se aproxima, por exemplo, ou seja, tudo o que vivemos parece ser um meio para se chegar a um fim.

Não basta a História ser real; ela também precisa "funcionar", apesar da sua imprevisibilidade, como, por exemplo, acontece com a ciência: embora a ciência seja abstrata, pode-se fazê-la funcionar. O campo de aplicação da ciência – os fatos do mundo físico – permite repetibilidade, isto é, qualquer um, munido de instrumentos e conhecimento necessários, poderá repetir as experiências científicas e deve chegar às mesmas conclusões que a ciência. Se não chegar, talvez tenha descoberto um erro na teoria científica oficialmente aceita e talvez seja aí que ocorrerá a mudança de um paradigma científico.

Com relação aos fatos históricos considerados relevantes, o mesmo não ocorre. Assim, na impossibilidade de comprovar as principais causas de um fato e movido pela necessidade de compreender, a mente do homem passa a interpretar[22].

Não se trata de discutir a comprovação da existência dos fatos considerados históricos, não é esta a questão. É perfeitamente demonstrável que a tomada da cidade de Constantinopla pelos turcos, comandados pelo sultão Maomé II, finalizando a destruição do Império Romano do Oriente, se deu no dia 29 de maio de 1453. A interpre-

---

determinada interpretação – como se querendo provar algo, como o socialista, de que a sociedade sem classes está próxima.

22. *O fim de uma era*, de John Lukacs.

tação começa quando se quer determinar as principais consequências da queda de Constantinopla – uma delas, por exemplo, fixando aleatoriamente a data como o final da Idade Média.

O objetivo deste breve "parêntese" é lembrar que os fatos históricos merecem ser tratados com um pouco de ceticismo, já que o que se coloca como História oficial é um conjunto de relatos que sofreram influência de interesses de grupos e ideologias.

# CURIOSIDADES HISTÓRICAS

OS MANUSCRITOS DISPONÍVEIS atualmente e que contêm os evangelhos canônicos foram compostos *após* a rebelião judaica contra Roma, em 66 d.C. Naquele ano, um grupo de rebeldes judeus induziu seu povo à rebelião. Impressionantemente, os rebeldes conseguiram libertar a *terra santa* da ocupação romana. Durante quatro anos gloriosos, a cidade esteve de novo sob controle judaico. Então, em 70 d.C., os romanos voltaram.

Depois de um breve cerco a Jerusalém, os soldados violaram as muralhas da cidade e desencadearam uma incrível onda de violência contra seus residentes. A cidade – incluindo o Templo – foi queimada. Dezenas de milhares de judeus foram massacrados. O resto foi levado acorrentado para fora da cidade.[23] O trauma espiritual enfrentado pelos vencidos após esse evento catastrófico é difícil de imaginar.

Os rabinos do século II foram, aos poucos, modificando o judaísmo, fazendo desaparecer os ideais nacio-

---

23. Esse evento é conhecido como a Segunda Diáspora.

nalistas "messiânicos" que tinham instigado a revolta. A *Torá*, mais do que o próprio Templo, passou a ser o centro da vida judaica, e o rabinato se fortaleceu.

Igualmente os cristãos também sentiram necessidade de se distanciarem de "fervores revolucionários", permitindo à igreja cristã primitiva abster-se da ira romana e, mais do que isso, buscar adeptos entre os próprios romanos. Assim, a imagem de Jesus que cresceu exponencialmente foi a de uma espécie de "líder espiritual" amoroso e pacífico, sem nenhum interesse em qualquer assunto terreno.

Esse era um Jesus que os romanos podiam aceitar, e de fato aceitaram três séculos mais tarde, quando o imperador Flávio Teodósio[24] fez do movimento do pregador judeu itinerante a religião oficial do Estado romano, e nascia o que hoje reconhecemos como o cristianismo Ortodoxo.

Especialistas em muitas partes do mundo têm tentado levantar um retrato fiel de quem foi Jesus, mas existe um consenso de que escrever uma biografia de Jesus de Nazaré não é como escrever uma biografia de Mahatma Gandhi. A tarefa se assemelha mais à montagem de um quebra-cabeças enorme, com apenas algumas das peças na mão, e, por fim, não temos escolha senão preencher as lacunas com as melhores hipóteses, na suposição de como as peças que faltam deveriam ser.

O grande desafio nesse ínterim é conciliar a história de Jesus, como o Cristo – com todas suas realiza-

---

24. Morto em 395.

ções narradas nos evangelhos –, com a história de Jesus, o homem – resgatada através de registros históricos e arqueológicos.

Expor os evangelhos à racionalidade da análise histórica, com a retirada dos artifícios literários com os quais foram escritos, poderia revelar uma imagem mais precisa do Jesus histórico. Colocar a figura de Jesus dentro do contexto social, religioso e político da época em que ele viveu revela, por si só, parte de sua biografia.

Claro que o Jesus que é revelado nesse processo pode não ser o Jesus que esperamos, e ele certamente não será o Jesus que os cristãos mais modernos reconheceriam. Mas não há novidade nisso. Allan Kardec, quando publicou *A Gênese*, em 1868, trouxe a público, à luz dos conhecimentos espíritas, uma visão bastante racional dos fenômenos protagonizados pelo Cristo[25], fundamentada numa série de experiências bem-sucedidas que lhe comprovavam os argumentos, causando certa inquietação entre os próprios adeptos do espiritismo, que até hoje têm certa dificuldade em entender a profundidade das pesquisas do codificador, justamente pela dificuldade em separar a fé da razão. Não é à toa que a obra *A Gênese* é a menos popular dentre todas as obras da Codificação.

---

25. *A Gênese – Os milagres e as predições segundo o Espiritismo*. **Recomendamos que, por cautela, tomem-se traduções baseadas nas quatro primeiras edições, de 1868. Nota do Revisor.**

# Antecedentes históricos

O TEMPLO ERGUIDO por Herodes, o Grande, era a grande maravilha da época, embora permanecesse inacabado. Maior do que o de Salomão, fora construído no mesmo local. O *Talmud*, a antologia da história dos judeus, refere-se com admiração ao tamanho da edificação, uma estrutura mais ou menos retangular, de cerca de 500 metros de comprimento por 300 de largura, equilibrada no topo do monte Moriá, no extremo Leste da cidade santa. No lado Sul do Templo situava-se o maior e mais ornamentado dos pórticos, o Pórtico Real – um salão alto, de dois andares, do tipo de uma basílica, construído no estilo habitual romano. Esse era o espaço administrativo do Sinédrio, o corpo religioso supremo e o mais alto tribunal judiciário da nação judaica.

Os jardins, prédios e pátios tornavam o conjunto ainda mais impressionante. A construção foi interrompida no ano 4 a.C., quando Herodes morreu, já que ninguém se dispôs a pagar pelo trabalho dos 10 mil homens envolvidos na tarefa.

Havia no antigo culto judeu uma série de costumes e

celebrações anuais que só podiam ser realizadas dentro do Templo de Jerusalém e na presença do sumo sacerdote, que reservava os dias das festas mais sagradas – a Páscoa judaica[26], o Pentecostes e a Festa da Colheita de Sucot – para si próprio, quando embolsava uma generosa taxa, pelo "incômodo".

Nesses dias, a população da cidade podia chegar a mais de 1 milhão de pessoas. Por uma taxa, os cambistas trocavam moedas estrangeiras pelo *shekel* hebraico – a única moeda permitida pelas autoridades do Templo – e também cobravam o meio-*shekel* de imposto do Templo, que todos os homens adultos deviam pagar para a manutenção do espetáculo que se via: as pilhas de incenso queimando, os incessantes sacrifícios, a aspersão de vinho, as ofertas das primeiras frutas colhidas, o coro que cantava salmos de louvor e a orquestra que o acompanhava, vibrando liras e batendo pratos.

Com o *shekel* na mão, podia-se, então, comprar o seu sacrifício: um pombo ou uma ovelha. Os cambistas também estavam dispostos a oferecer o crédito necessário para melhorar o sacrifício.

Os animais a serem sacrificados não podiam apresentar ferimentos. Deviam ser domésticos e sido criados para esse fim. Mesmo sendo boi ou touro, carneiro ou ovelha, não podiam ser animais de carga. E não eram baratos para se adquirir. O sacrifício era o principal objetivo do Templo. O ciclo de vida e morte que o Senhor havia decretado era totalmente dependente do sacrifício

---

26. *Pessach* (palavra hebraica que significa *passagem*).

que os adoradores fariam. Portanto, não era momento para economizar.

Os pesquisadores não sabem ao certo quantas vezes Jesus visitou Jerusalém. Mas, com certeza, pouco antes de morrer, ele esteve lá. Jesus rejeitava os ricos que faziam questão de depositar donativos na arca do Templo, diante de todos, em uma atitude de ostentação. Preferia enaltecer a doação da viúva que dera, do seu necessário, duas moedinhas de cobre[27]. Aos discípulos ele explicou que, em sua pobreza, ela oferecera tudo que tinha, enquanto o outro havia entregado apenas uma fração ínfima de sua riqueza.

Jesus reprovava os que negociavam no Templo. Na verdade, porém, aquelas pessoas nada faziam de novo; apenas trocavam dinheiro para os judeus recém--chegados de outras terras que desejavam fazer uma oferta, ou atendiam à necessidade dos que precisavam comprar um animal que seria oferecido em sacrifício. Mas Jesus derrubou as mesas dos cambistas e virou de pernas para cima as cadeiras dos vendedores de aves[28]. A atitude foi dele; os discípulos, se estavam presentes, não participaram.

As oferendas eram entregues a qualquer um dos sacerdotes vestidos de branco que circulavam pela praça do Templo. Eles se revezavam em turnos de 24 horas para garantir que os fogos para o sacrifício fossem mantidos acesos dia e noite.

O cheiro de carnificina era impossível de se ignorar.

---

27.　Marcos 12:41-44.
28.　Mateus 21:12.

Impregnava-se à pele, ao cabelo, tornando-se um fardo desagradável. Os sacerdotes queimavam incenso para afastar o fedor e a doença, mas a mistura feita de mirra e canela, açafrão e olíbano não conseguia mascarar o insuportável mau-cheiro da matança.

Com uma simples oração, o sacerdote rasgava a garganta do animal; um assistente coletava o sangue em uma tigela, para espargir sobre os quatro cantos cornudos do altar, enquanto o sacerdote cuidadosamente estripava e desmembrava a carcaça. A pele do animal era para ele, que alcançaria um bom preço no mercado. As entranhas e o tecido adiposo eram arrancados do cadáver, levados por uma rampa para o altar e colocados diretamente sobre o fogo eterno. A carne do animal era cuidadosamente retirada e colocada de lado para os sacerdotes se banquetearem após a cerimônia.

O Templo servia como calendário e relógio para os judeus. Seus rituais marcavam o ciclo do ano e moldavam as atividades do dia a dia de todo habitante de Jerusalém. Era o centro de comércio para toda a Judeia, sua principal instituição financeira e seu maior banco. O Templo era a morada do "Deus de Israel" e não só abrigava os escritos sagrados e pergaminhos das leis que mantêm o culto judaico como também era o repositório principal dos documentos legais, notas históricas e registros genealógicos da nação judaica.

Havia apenas um centro de culto, ao contrário de seus vizinhos pagãos, um lugar singular e nenhum outro onde um judeu podia comungar com o Deus vivo. A Judeia era, para todos os efeitos, um templo-Estado.

No entanto, nunca devemos esquecer, quando se fala da Palestina do século I, de que essa terra sagrada – da qual, na visão dos judeus, o espírito de Deus fluía para o resto do mundo – era território ocupado. Legiões de romanos estavam posicionadas em toda a Judeia. Cerca de 600 soldados residiam no topo do próprio Monte do Templo. Era comum um centurião de capa vermelha e couraça lustrosa desfilando pelo Pátio dos Gentios, com a mão sobre o punho da espada, um lembrete pouco sutil de quem realmente governava aquele lugar sagrado.

O domínio romano sobre Jerusalém começara em 63 a.C., quando as legiões de Pompeu Magno conquistaram o Templo. No momento da invasão romana, Jerusalém abrigava uma população de cerca de 100 mil pessoas e, para os romanos, não era mais do que um pontinho no mapa imperial.

As vinhas roxas, os campos bem cultivados repletos de amendoeiras, figueiras e oliveiras, e as cidades de Sodoma e Gomorra, que a *Bíblia* refere como cidades amaldiçoadas, formavam, para os romanos, apenas uma província menor no canto mais distante do poderoso Império Romano.

Mas Jerusalém estava acostumada a invasões e ocupações, e, frente às revoltas, os romanos respondiam com sua conhecida selvageria – queimando cidades, massacrando rebeldes e escravizando populações. O abismo entre os famintos e pobres endividados trabalhando no campo e a classe provincial abastada governando em Jerusalém cresceu ainda mais com a dominação.

Fazia parte da política romana padrão, em cada cidade capturada, forjar uma aliança com a aristocracia local, tornando-a dependente dos senhores romanos para ter poder e riqueza. Ao alinhar seus interesses com os da classe dominante, Roma garantia que os líderes locais permanecessem totalmente investidos na manutenção do sistema imperial.

Em Jerusalém, a aristocracia significava, basicamente, a classe sacerdotal, e, especificamente, um punhado de ricas famílias sacerdotais que mantinham o culto do Templo. Como resultado, tais famílias foram encarregadas por Roma de coletar os impostos e tributos e de manter a ordem entre a população, cada vez mais inquieta – tarefas pelas quais eram ricamente compensadas.

A fluidez que existia em Jerusalém entre os poderes religiosos e políticos obrigou Roma a manter uma estreita vigilância sobre o culto judaico e, em particular, sobre o sumo sacerdote. Como chefe do Sinédrio e "líder da nação", o sumo sacerdote era uma figura tanto de prestígio político como religioso, famoso pelo poder de decidir sobre todas as questões religiosas, de fazer cumprir a lei de Deus e até mesmo de efetuar prisões, embora apenas nas proximidades do Templo.

Os romanos tinham, afinal, razoável consciência das crenças e práticas religiosas dos povos dominados. Mas o que mais confundia Roma sobre os judeus não eram os seus ritos desconhecidos ou sua estrita devoção às leis, mas, sim, o que os romanos consideravam ser o seu incomensurável complexo de superioridade. A noção de que uma tribo semita sem muita expressão e residente em um canto distante do poderoso Império

Romano exigisse, e de fato recebesse, tratamento especial do imperador era, para muitos romanos, simplesmente incompreensível.

Para os judeus, no entanto, essa sensação de excepcionalidade não era uma questão de arrogância ou orgulho. Era um mandamento direto de um Deus cioso, que não tolerava a presença de estrangeiros na terra que ele tinha reservado para o seu povo escolhido. Entretanto, passados mil anos, desde que tinha derramado tanto sangue para purificar a *terra prometida* de todo elemento estrangeiro, de modo a governá-la em nome de seu Deus, essa mesma tribo agora se encontrava sofrendo sob a bota de um poder imperial pagão, forçada a compartilhar a cidade santa com gauleses, espanhóis, romanos, gregos e sírios.

# O PAPEL DE HERODES

NOS ANOS QUE se seguiram à ocupação romana da Judeia, as pequenas chácaras familiares foram dando espaço às grandes propriedades administradas por aristocracias.

A rápida urbanização sob o domínio romano alimentou a migração em massa do campo para as cidades. O camponês não só era obrigado a continuar pagando seus impostos e dízimos para o sacerdócio do Templo, como era forçado a pagar um pesado tributo a Roma, chegando a quase metade do seu rendimento anual. Aqueles que conseguiam se manter em seus campos muitas vezes não tinham escolha a não ser pedir emprestadas grandes somas à aristocracia fundiária, com taxas de juros exorbitantes. E se o empréstimo não fosse pronta e totalmente reembolsado, a terra do camponês poderia ser confiscada e o camponês mantido na propriedade como um rendeiro trabalhando em nome do novo proprietário.

Na Galileia, um punhado de agricultores e proprietários que tinham perdido suas terras trocaram os arados por espadas e começaram a lutar contra aqueles que consideravam os responsáveis por suas mazelas.

O Senado romano determinou que um inteligente jovem nobre judeu chamado Herodes, com cerca de 15 anos, retomasse o controle de Jerusalém, fazendo-o seu rei-cliente. O pai de Herodes, Antipater, havia auxiliado Júlio César na guerra civil contra Pompeu Magno e, como recompensa, ganhou cidadania romana em 48 a.C. e poderes administrativos sobre toda a Judeia. Antes de morrer, Antipater nomeou seu filho Fasael, como governador de Jerusalém, e Herodes, como governador da Galileia.

Em 37 a.C., Herodes marchou para Jerusalém com um enorme exército romano sob seu comando. Ele expulsou as facções rebeldes da cidade e eliminou o que restava da dinastia dos macabeus. Em reconhecimento por seus serviços, Roma o nomeou "rei dos judeus", concedendo-lhe um reino que acabaria por crescer mais do que o do rei Salomão.

Herodes era um governante esbanjador e tirânico, que massacrou quase todos os membros do Sinédrio, substituindo-os por aliados que compraram suas posições diretamente dele. A influência política do Templo acabou minimizada, e o poder redistribuído a uma nova classe de judeus, uma espécie de novos-ricos.

Nessa época havia cerca de 24 seitas judaicas em Jerusalém e ao redor. Dessas, três seitas foram particularmente influentes na formação do pensamento judaico na época: os fariseus, que eram principalmente rabinos e estudiosos de classe baixa e média que interpretavam as leis para as massas; os saduceus, mais conservadores e, no que diz respeito a Roma, sacerdotes mais complacentes, provenientes de famílias mais ricas, de proprietários de terras; e os essênios, um movimento sacerdotal que se separou da autoridade do Templo.

Encarregado de pacificar e administrar uma indisciplinada e heterogênea população de judeus, gregos, samaritanos, sírios e árabes – que o odiavam mais do que se odiavam uns aos outros –, Herodes fez um trabalho magistral de manter a ordem em nome de Roma. Seu reinado marcou o início de uma era de estabilidade política entre os judeus que não tinha sido vista por séculos. Ele iniciou uma construção monumental e projetos de obras públicas que empregavam dezenas de milhares dos camponeses e diaristas, alterando permanentemente a paisagem física de Jerusalém. Construiu mercados e teatros, palácios e portos, tudo inspirado no estilo grego clássico.

Para pagar por seus colossais projetos de construção e satisfazer sua própria extravagância, Herodes cobrava impostos esmagadores de seus súditos, a partir dos quais continuava a mandar um pesado tributo para Roma, e com prazer, como expressão de sua estima pelos senhores romanos. Herodes não era apenas um rei-cliente do imperador; era um amigo próximo e pessoal, um cidadão leal da República que queria mais que imitar Roma – queria refazê-la nas areias da Judeia. Ele instituiu um programa de helenização forçada para os judeus, trazendo ginásios, anfiteatros gregos e banhos romanos para Jerusalém. Fez do grego a linguagem da corte e cunhou moedas com letras gregas e insígnias pagãs. No entanto, Herodes também era judeu e, como tal, entendia a importância de apelar para as sensibilidades religiosas de seus súditos. Foi por isso que embarcou em seu projeto mais ambicioso: a reconstrução e ampliação do Templo de Jerusalém. Foi Herodes quem ergueu o Templo em uma plataforma no topo do monte Moriá, o mais alto ponto da cidade, e o embelezou com largas colunatas romanas e pilastras de mármore enormes que brilhavam sob o sol.

# Uma estrela no céu

A ANTIGA NAZARÉ era uma pequena aldeia, um lugar fora do mapa, que ficava sobre o cume irregular de um morro sob os ventos da baixa Galileia, onde viviam pouco mais de cem famílias judias. Havia apenas um poço de onde tirar água fresca e uma única casa de banho, alimentada por um fio de chuva captado e armazenado em cisternas subterrâneas, servindo toda a população.

Era uma aldeia de camponeses, em sua maioria analfabetos, agricultores e diaristas. As casas em Nazaré eram simples, feitas de barro caiado e pedras, com uma única sala sem janelas dividida em dois espaços, um para a família e outro para os animais. Um telhado plano servia para as reuniões de oração, espalhar a roupa para secar, fazer refeições em noites quentes e até dormir em cima de esteiras.

Alguns mais felicitados tinham um quintal ou um pequeno pedaço de terra para cultivar legumes, além de cevada, algum trigo, talos de painço e aveia. Os camponeses de Nazaré eram, sem exceção, cultivadores da terra. Era a agricultura que alimentava e sustentava a escassa população, e todos criavam seus próprios animais. A autossuficiência era regra geral.

Nazaré também foi a cidade em que Jesus cresceu. Jesus era tão identificado com Nazaré que foi conhecido em toda a sua vida simplesmente como "o Nazareno", talvez, também pelo fato de que seu primeiro nome (*Jeshua* ou *Yeshua*) era considerado muito comum. Era a única coisa sobre a qual todos os que o conheciam, seus amigos e seus inimigos igualmente, pareciam concordar.

No tempo em que Jesus viveu, as estrelas no céu noturno fascinavam mais as pessoas do que hoje. Acreditava-se que a aparição de uma estrela excepcionalmente brilhante anunciava a proximidade de acontecimentos importantes.

O nascimento do fundador de uma religião também podia ter a própria estrela anunciadora. De acordo com o *Evangelho de Mateus*[29], três homens sábios, ou magos, que viviam em uma terra distante, viram no céu noturno uma luz muito brilhante que parecia chamá-los na direção da Palestina[30]. Acreditando ser aquele o sinal de um nascimento importantíssimo, recolheram alguns presentes e seguiram a estrela, na esperança – certeza, na verdade – de encontrar aquele bebê extraordinário.

Hoje sabemos que a luz não podia ser uma estrela. Mas um espírito pode aparecer sob forma luminosa, ou transformar uma parte do seu fluido perispirítico em foco luminoso. Muitas narrativas desse gênero, conside-

---

29. Mateus 2:1.
30. Nesse caso, a "estrela" apontava mais precisamente na direção de Belém, cidade próxima a Jerusalém. **Nota do Revisor.**

radas fantásticas, são perfeitamente autênticas, e nada apresentam de sobrenatural.[31]

Essa história ou alegoria fascinante foi mais tarde registrada por escrito, e contada e recontada, século após século. Com a repetição, a popularidade e a importância de Jesus crescendo geração após geração, pode ser que a história tenha se alterado um pouco: a criança nascida era importante demais, e talvez os personagens merecessem maior prestígio. Assim, os três sábios se transformaram em três reis. Somente cerca de 500 anos mais tarde, receberam nomes[32].

Do ponto de vista histórico ou arqueológico, não se conhece ao certo o local do nascimento de Jesus. Marcos, o autor do "primeiro" Evangelho sobre a vida de Jesus, não especificou. Nos registros de Mateus[33] e Lucas[34] é narrado que Jesus nasceu em Belém, um lugar desconhecido dos registros históricos que, em todo o *Novo Testamento*, só é mencionado novamente em um versículo de João[35]. De Belém, para se chegar a Jerusalém, bastava uma manhã de caminhada.

Sendo a terra natal de Davi, o herói da história dos judeus, Belém representava um local apropriado ao nascimento de alguém que seria aclamado como o salvador de seu povo. Lucas disse que os pais de Jesus viviam em

---

31. *A Gênese*, de Allan Kardec, Cap. 15.
32. Melchior, Baltasar e Gaspar, magos do oriente, segundo a *Enciclopédia Católica Popular*, acessível pelo site de mesmo nome.
33. Mateus 2:1-9.
34. Lucas 2:1-21.
35. João 7:42.

Nazaré, mas foram obrigados, por causa de um censo marcado para acontecer em seguida, a estar em Belém na época em que comprovadamente Jesus nasceu. Historicamente, segundo os registros, não houve censo naquele período, e, se tivesse havido, as autoridades não obrigariam os habitantes a empreender longas jornadas, simplesmente para serem contados no local de origem de suas famílias.

Mesmo depois de muitas pesquisas, vários modernos estudiosos da *Bíblia* afirmam apenas que ele era galileu, ou seja, nascido em algum lugar da Galileia.

Os pais de Jesus eram José e Maria, mas foi ela quem ficou mais famosa, com o decorrer dos séculos. De acordo com o *Evangelho de Marcos*[36] e Mateus[37], Jesus tinha irmãos e irmãs mais jovens.

José e Maria cuidavam da família, com certeza. Desde muito cedo Jesus frequentou a sinagoga e tomou conhecimento dos pontos principais dos livros atualmente conhecidos como *Antigo Testamento*. Aprendeu também a ler e escrever, o que não era comum na cidade onde vivia.

Conta-se que, aos 12 anos, Jesus foi com os pais a Jerusalém, em uma caminhada de vários dias, para as festividades anuais da Páscoa, a data mais importante do calendário judaico. Era maravilhoso visitar a pequena cidade naquela época, na companhia de peregrinos vindos de locais próximos ou afastados. No templo, Jesus

---

36. Marcos 6:3.
37. Mateus 13:55-56.

teve a oportunidade de ouvir a fala de vários mestres e a leitura de textos sagrados. Sua vontade de aprender era tanta, que seus pais acabaram por perdê-lo de vista. Por fim, encontraram-no sentado entre os mestres, escutando-os e fazendo perguntas, no entanto, todos os que ouviam o menino estavam maravilhados com sua inteligência e suas respostas. Com surpreendente autoridade, ele explicou seu desaparecimento: "Não sabiam que eu deveria estar tratando das coisas de Meu Pai?"[38]

Jesus se tornou carpinteiro e aprendeu também um pouco do ofício de pedreiro. Presume-se que fizesse pequenas peças de madeira usadas nas casas, além de cangas para animais de carga, arados, portas, portões, cercados e celeiros espaçosos, para os agricultores da redondeza. E, contrariando o senso comum, o trabalho artesanal em pedra e madeira provavelmente lhe rendia – e também ao pai – ganhos superiores aos da maioria da população.

O evangelista João conta uma história ocorrida no início do ministério de Jesus, que, de início, pregava sua mensagem para os simples agricultores e pescadores da Galileia, provavelmente seus amigos e vizinhos. Mas então veio a época da Festa dos Tabernáculos, e os irmãos de Jesus insistiram para que ele viajasse com eles para a Judeia a fim de celebrar o festival da colheita juntos, e, ao mesmo tempo, para que ele se revelasse às pessoas[39].

A família de Jesus deixa-o para trás e dirige-se para

---

38.  Lucas 2:41:45.
39.  João 7:1-6.

a Judeia. No entanto, sem o conhecimento deles, Jesus também decide ir e, chegando lá secretamente, ouve muitos burburinhos sobre suas intenções, com uns considerando-o um bom homem e outros considerando-o um enganador do povo. Por fim, alguém afirma que ele seria o Messias[40].

Na Palestina do século I, simplesmente dizer as palavras "Ele é o Messias" em voz alta e em público poderia ser um crime, passível de crucificação, e, por muito menos, Jesus já estava sendo investigado pelos líderes judeus.

É verdade que os judeus do tempo de Jesus tinham uma visão um tanto conflitante sobre o papel e a função do Messias, alimentada por várias tradições messiânicas e contos folclóricos populares circulando pela *terra santa*. Alguns acreditavam que o Messias seria uma figura restauradora que devolveria os judeus à sua posição anterior de poder e glória. Outros viam o Messias em termos mais apocalípticos e utópicos, como alguém que aniquilaria o mundo presente e construiria um novo mundo mais justo sobre as ruínas. Havia aqueles que pensavam que o Messias seria um rei, e aqueles que pensavam que ele seria um sacerdote. Os essênios, aparentemente, esperavam por dois Messias separados – um real, outro sacerdotal –, embora a maioria dos judeus achasse que o Messias possuiria uma combinação de ambas as características. No entanto, havia um consenso razoável de que o Messias seria descendente do rei Davi e viria para res-

---

40.   João 7:25.

taurar Israel, libertando os judeus do jugo da ocupação e estabelecendo o poder de Deus em Jerusalém.

Considerar Jesus um Messias, nos moldes da época, era colocá-lo em um caminho – já trilhado por vários supostos messias que falharam vindos antes dele – inevitável de conflito contra os poderes dominantes. Mas Jesus atendia a certos requisitos básicos, por ser descendente do rei Davi e haver nascido em Belém. No texto evangélico, fica claro que a multidão parecia conhecer bem Jesus.

Em vez disso, ele desvia inteiramente o assunto de sua casa terrena, preferindo enfatizar suas origens celestiais[41].

Na visão de João, Jesus é um ser eterno, o *logos*, que estava com Deus desde o início dos tempos, a força primordial por meio da qual toda a criação surgiu e sem a qual nada foi criado[42]. Uma visão muito alinhada com o conhecimento que os espíritos trouxeram posteriormente[43]. De maneira geral, observamos que a comunidade cristã primitiva pareceu não ter estado preocupada com qualquer aspecto da vida de Jesus antes do início de seu

---

41. João 7:1-29.
42. João 1:3.
43. As referências sobre o fato de Jesus ser uma entidade de uma evolução incalculável, governador do nosso planeta e verdadeiro arquiteto espiritual da Terra e da vida que se encontra aqui passam por tantas obras que seria impossível listá-las todas aqui. No entanto, podemos indicar quatro publicações de relevância ímpar que servem de introdução ao estudo mais aprofundado do tema, na ordem em que foram publicadas: *O Livro dos Espíritos* e *A Gênese*, de Allan Kardec; *A caminho da luz*, de Emmanuel, psicografada por Francisco Cândido Xavier, e *Brasil, coração do mundo, pátria do evangelho*, de Humberto de Campos, psicografada por Francisco Cândido Xavier.

ministério. Histórias sobre seu nascimento e infância estão ausentes dos primeiros documentos escritos.

Mas como o interesse na pessoa de Jesus cresceu após sua morte, surgiu entre alguns membros da comunidade cristã primitiva a necessidade – ou curiosidade – de entender melhor como foram os primeiros anos de Jesus.

# Então é Natal

Roma, século II, dia 25 de dezembro. A população está em festa, na homenagem ao nascimento daquele que veio trazer benevolência, sabedoria e solidariedade entre os homens. Cultos religiosos celebram o ícone na data mais sagrada do ano. Enquanto isso, famílias trocam presentes dias antes e se recuperam de uma longa comilança.

Mas não. Essa comemoração não se refere à comemoração do Natal. Trata-se de uma homenagem à data de "nascimento" do deus persa Mitra, que representa a luz, e, ao longo do segundo século, tornou-se uma das divindades mais respeitadas entre os romanos, numa data conhecida como o *Sol Invictus*[44]. Nesse período também acontecia a Saturnália, importante festival que durava uma semana, em homenagem a Saturno – deus da abundância e da agricultura. Muitas outras divindades ligadas ao Sol, em geral, eram celebradas no solstício

44. Sol Invicto, nome que provavelmente deriva do fato de, no solstício de Inverno, a luz solar chegar em seu momento mais apático, para depois progressivamente ir ganhando força.

também. Portanto, qualquer semelhança com o feriado cristão não é mera coincidência.

Tais comemorações diversas existem há pelo menos 7 mil anos antes do nascimento de Jesus. São tão antigas quanto a civilização e acontecem por um mesmo motivo: celebrar o solstício de inverno, a noite mais longa do ano no Hemisfério Norte, que acontece no final de dezembro.

Dessa madrugada em diante, o sol fica cada vez mais tempo no céu, até o auge do verão. É o ponto de virada das trevas para luz: o "renascimento" do Sol.

Num tempo em que o homem deixava de ser um caçador-coletor errante e começava a dominar a agricultura, a volta dos dias mais longos significava a certeza de colheitas no ano seguinte. E então era só festa. Na Mesopotâmia, a celebração durava 12 dias. Já os gregos aproveitavam o solstício para cultuar Dionísio, o deus do vinho e da vida mansa, enquanto os egípcios relembravam a passagem do deus Osíris para o mundo dos mortos.

Na China, as homenagens eram (e ainda são) para o símbolo do *yin-yang*, que representa a harmonia da natureza. Até povos antigos da Grã-Bretanha, mais primitivos que seus contemporâneos do Oriente, comemoravam, em volta de Stonehenge, monumento que começou a ser erguido em 3100 a.C. para marcar a trajetória do Sol ao longo do ano.

A comemoração em Roma, então, era só mais um reflexo de tudo isso. Cultuar Mitra, o deus da Luz, no 25 de dezembro, era nada mais do que festejar o velho solstício de inverno (pelo calendário atual, diferente daquele dos romanos, o fenômeno na verdade acontece no dia 20 ou 21, dependendo do ano). Seja como for, o culto a Mitra chegou à Europa lá pelo século IV a.C., quando Alexandre, o Grande, conquistou o Oriente Médio. Centenas de anos depois, soldados romanos viraram devotos da divindade. E ela foi parar no centro do Império.

E, enquanto isso, uma religião tímida, crescia em Roma, paralela a todos esses cultos: o cristianismo.

As datas religiosas mais importantes para os primeiros seguidores de Jesus só tinham a ver com o martírio dele: a Sexta-Feira Santa (crucificação) e a Páscoa cristã (ressurreição). A tradição, na verdade, consistia em lembrar a morte de personagens importantes. Líderes da Igreja achavam que não fazia sentido comemorar o nascimento de um santo ou de um mártir, já que ele só se torna uma coisa ou outra depois de morrer.

Sem falar que ninguém fazia ideia da data em que Cristo veio ao mundo, a única referência, ainda que imprecisa, que temos sobre a época do ano em que Jesus nasceu, já que historicamente não se têm registros do censo que teria ocorrido no mesmo período, é o fato de que haviam pastores nos campos[45]. Daí depreende-se que provavelmente Jesus teria nascido no verão, que no Hemisfério Norte ocorre entre junho e agosto. Dezembro é o auge de um úmido inverno; portanto, é pouco provável que houvesse alguém pastoreando durante a noite, já que as temperaturas vão baixando gradati-

---

45.    Lucas 2:8-18.

vamente a partir de novembro, até chegar a cerca de 5 graus centígrados em janeiro.

Colocar uma celebração cristã bem na época do solstício viria a calhar – principalmente para os chefes da Igreja, que teriam mais facilidade em amealhar novos fiéis. Foi quando, em 221 d.C., o historiador cristão Sextus Julius Africanus teve uma ideia: comemorar o aniversário de Jesus no dia 25 de dezembro, mesmo dia das celebrações ao deus Mitra. A Igreja aceitou a proposta e, a partir do século IV, quando o cristianismo se tornou religião oficial do Império, o Festival do Sol Invicto começou a mudar de homenageado.

Associado ao deus-Sol, Jesus assumiu a forma da luz que traria a salvação para a humanidade. Assim, a invenção católica herdava tradições anteriores. Ao contrário do que se pensa, os cristãos nem sempre destruíam as outras percepções de mundo como rolos compressores. Nesse caso, o que ocorreu foi uma troca cultural.

Não dá para dizer ao certo como eram os primeiros Natais cristãos, mas é fato que costumes como a troca de presentes e as refeições suntuosas permaneceram – e também o famoso hábito de se consumir as reservas de frutas que haviam sido desidratadas para sobreviver ao inverno.

O fato de a religião cristã crescer "insistentemente" dentro do Império Romano, conquistando mais adeptos com o passar do tempo, fez com que os acontecimentos ligados a Jesus fossem ganhando mais espaço. As comunidades cristãs cresceram rapidamente em diversas regiões do Império (especialmente na região oriental), depois de 260, quando Galiano trouxe paz à Igreja.

As fontes para calcular a população são insuficientes, embora o historiador e sociólogo Keith Hopkins tenha feito tentadoras estimativas em relação à população cristã no século III. Dentro das suas estimativas, observou que a comunidade cristã cresceu de uma população de 1,1 milhão no ano 250 para 6 milhões em 300, o que representava cerca de 10% da população total do Império à data. Os cristãos expandiram-se mesmo nas zonas rurais, onde nunca antes se tinham estabelecido de forma numerosa. Em finais do século III, as igrejas já não eram tão discretas como tinham sido anteriormente nos séculos I e II. Além disso, as igrejas grandes eram agora proeminentes em algumas grandes cidades ao longo do Império. Inclusivamente, a igreja em Nicomédia foi edificada sobre uma colina, com vista panorâmica para o palácio imperial. Estas novas igrejas provavelmente não representaram só o crescimento absoluto da população cristã, mas também aumentaram a afluência na comunidade crente. Em algumas zonas onde os cristãos eram influentes, tais como o Norte da África e o Egito, as divindades tradicionais começaram a perder credibilidade.

E foi justamente nesse período que ocorreram as maiores perseguições. A perseguição de Diocleciano, ou a Grande Perseguição, foi a última e talvez a mais sangrenta perseguição aos cristãos no Império Romano. Em 303, o imperador Diocleciano e seus colegas Maximiano, Galério e Constâncio Cloro emitiram uma série de éditos em que revogavam os direitos legais dos cristãos e exigiam que estes cumprissem as práticas religiosas tradicionais. Decretos posteriores dirigidos ao Clero exigiam o sacrifício universal, ordenando a realização de sacrifícios às divindades romanas. A perseguição variou em intensidade nas várias regiões do Império: as repressões menos violentas ocorreram na Gália e Britânia, onde se aplicou apenas o primeiro édito, enquanto que as mais violentas se deram nas províncias orientais.

Embora as leis persecutórias fossem se abrandando ou mesmo anuladas por diversos imperadores nas épocas subsequentes, o fim das perseguições aos cristãos, tradicionalmente, foi marcado pelo Édito de Milão, em 321, de Valério Licínio e Constantino, o Grande.

Constantino I governou Roma de 306 até sua morte em 337 e ficou conhecido por estabelecer a convivência pacífica entre os vários credos que conviviam sob a bandeira romana. No entanto, existem muitas dúvidas históricas sobre o imperador ter ou não ter se convertido ao cristianismo, mas sabe-se que sua esposa Helena era de ascendência cristã, e o próprio Constantino era o que chamaríamos hoje de "eclético" ou "cabeça aberta" nas questões religiosas, e sabe-se que tinha profundo respeito pela simbologia da cruz cristã, da mesma forma que tinha respeito pelas demais denominações pagãs. O mais provável é que, como o paganismo professava a crença em vários deuses, o imperador apenas tenha acrescentado Jesus e Deus a um panteão já supervalorizado.

A maior revolução, no entanto, viria apenas no ano de 380, com o Édito de Tessalônica, sob o governo de Teodósio I. E foi justamente nesse período que foi estipulada a data de comemoração do natalício de Jesus, que segue até hoje.

# Polêmicas – ainda – insolúveis

Não pretendemos, de forma alguma, questionar as informações contidas nos evangelhos, mesmo porque, se não existem provas que possam confirmar em absoluto a veracidade das informações contidas nas escrituras, muito menos há que possam negá-las. A questão do local do nascimento de Jesus é um assunto ainda polêmico entre os pesquisadores. Lucas escreve sobre um censo, a mando de César Augusto, para que todo o mundo se alistasse – este primeiro alistamento sendo Quirino presidente da Síria –, em suas próprias cidades. Foi quando José da Galileia pegou a estrada, da cidade de Nazaré para a Judeia, até a cidade de Davi, chamada Belém – porque José era da descendência da família de Davi.[46]

O que os registros históricos guardaram foi que, dez anos depois da morte de Herodes, o Grande, no ano 6 d.C., quando a Judeia tornou-se oficialmente uma província romana, o governador da Síria, Quirino, convocou um censo para todas as pessoas, bens e escravos na

---

46.   Lucas 2:1-4.

Judeia, Samaria e Edom – não "todo o mundo romano", como Lucas reivindica, e definitivamente não a Galileia, onde a família de Jesus vivia.

Além disso, geralmente o único propósito de um censo era fiscal, quando o Direito romano avaliava a propriedade de um indivíduo no local de residência, e não no lugar do nascimento. Não há nada escrito em nenhum documento romano da época – e os romanos eram muito hábeis em documentação, particularmente quando se tratava de impostos – para indicar o contrário.

Pelo texto evangélico, toda a economia romana, periodicamente, era colocada em uma espécie de *stand by* (estado de alerta, sobreaviso), pois todo súdito romano seria forçado a viajar grandes distâncias até seu local de nascimento, talvez por dias ou meses, para que um funcionário fizesse um balanço de sua família e de seus bens. É uma ideia bem estranha.

No entanto, o que é importante entender a respeito das antigas narrativas é que elas não tinham um caráter histórico. Lucas não tinha nenhuma ideia do que nós, no mundo moderno, queremos dizer com a palavra *História*. A noção de História como uma análise crítica dos fatos observáveis e verificáveis do passado é um produto da era moderna; teria sido um conceito totalmente estranho para os escritores dos evangelhos, para quem a História não era uma questão de descobrir *fatos*, mas de revelar *verdades*.

Os leitores do *Evangelho de Lucas*, como a maioria das pessoas do mundo antigo, não faziam questão de diferenciar o mito da realidade; os dois estavam intimamente ligados em uma experiência espiritual.

Teria sido perfeitamente normal – na verdade, era o que se esperava – que um escritor do mundo antigo narrasse contos de deuses e heróis cujos fatos fundamentais eram reconhecidos como irreais, mas a mensagem subjacente seria vista como verdadeira. Isso talvez explique a narrativa de Mateus sobre a fuga de Jesus para o Egito, aparentemente para escapar ao massacre de todos os filhos nascidos dentro e ao redor de Belém, em uma busca infrutífera pelo bebê Jesus.

Tal evento não tem evidência histórica que o corrobore em qualquer crônica ou história da época, seja judia, cristã ou romana – um fato notável, considerando-se as muitas crônicas e narrativas escritas sobre Herodes, o Grande, que era, afinal, o mais famoso judeu em todo o Império Romano, literalmente o rei dos judeus.

Tal como acontece com o relato de Lucas sobre o censo de Quirino, o relato de Mateus sobre o massacre de Herodes pode não ter sido concebido para ser lido como o que hoje consideramos *História*, certamente não pela sua própria comunidade, que com certeza se lembraria de um evento tão inesquecível como o massacre de seus próprios filhos.

Isso significa, então, que as narrativas evangélicas estão erradas? Não necessariamente. O fato de um acontecimento não estar registrado não significa que não aconteceu. Não há provas que atestem que o censo não aconteceu ou que não houve um massacre de crianças – embora a morte deliberada de tantos inocentes em tenra idade pareça ser um evento impactante o suficiente para ser documentado.

Vamos tomar como exemplo o censo realizado pelo Instituto Brasileiro de Geografia e Estatística (IBGE), que, em 2000, atualizou dados e os registrou. Por uma questão lógica, os historiadores *atuais* registram o que aconteceu de mais relevante. Mas em um período onde, teoricamente, não existia História, qual o critério para se validar o que era ou não importante? Por isso, tais polêmicas ainda estão vivas desde a época de Cristo e, provavelmente, continuarão ainda aquecidas por bons anos ou talvez nunca sejam esclarecidas.

# VIDA DE JESUS

O ÚNICO ACESSO que se pode ter ao verdadeiro Jesus não vem das histórias que foram contadas sobre ele após sua morte, mas sim do conhecimento de uma série de fatos que podemos reunir de sua vida, como parte de uma grande família judaica de carpinteiros/construtores lutando para sobreviver na pequena aldeia galileia de Nazaré.

Analisando os costumes do primeiro século, podemos inferir, com toda probabilidade, que José, pai de Jesus, era dono de uma oficina; sendo, portanto, muito mais que um simples carpinteiro. Não fabricava somente móveis, portas e janelas, como nos vem à mente quando pensamos nos afazeres de um carpinteiro, mas a sua profissão era muito ampla, abrangendo outras aptidões, segundo as necessidades da pequena Nazaré, onde morava, e que, com certeza, não oferecia possibilidades de mão de obra especializada.

José exerceu a sua dura e obscura profissão em um lugarejo perdido nas montanhas, fora das rotas de maior movimento, em um lugar de lavradores rústicos, com casas pobres e muito simples. Assim, teve que se adaptar produzindo objetos rústicos.

Sendo um artesão, um artífice que, além de trabalhar com madeira e ferro, também precisava se adaptar às necessidades dos nazarenos, provavelmente era uma pessoa muito conhecida.

Naturalmente a sua profissão facilitava o contato com muitas pessoas, inclusive das regiões circunvizinhas. Possivelmente conhecia seu país e seu trabalho facilitava conhecer as casas cujos moradores solicitavam os seus préstimos, assim como o contato com pessoas de outras regiões, de onde provinham, sem dúvida, materiais para o seu ofício.

O problema com Nazaré é que ela era uma cidade de barro e tijolos. Mesmo as construções mais elaboradas, por assim dizer, teriam sido feitas de pedra – mas havia vigas de madeira nos telhados e, certamente, as portas teriam sido feitas desse material. Alguns dos nazarenos poderiam ter sido capazes de pagar mobiliário de madeira – uma mesa, alguns bancos, e talvez alguns poderiam ter possuído jugos e arados de madeira com que semear suas pequenas parcelas de terra.

Mas os nazarenos não poderiam, de nenhuma forma, ter sustentado a família de Jesus. Tal como acontece com a maioria dos artesãos e diaristas, Jesus e seus irmãos talvez tivessem que ir para vilarejos ou cidades maiores para captar trabalho.

O dia de um hebreu começava bem cedo, devido ao trabalho, mas, já às 9 horas, José, fiel à tradição do seu povo, interrompia as atividades para recitar a oração prescrita pela lei. Ali mesmo, no recanto da sua oficina, em pé, voltado para o Templo de Jerusalém e com as mãos erguidas para o céu, rezava esta oração: "Escuta, Israel: o Senhor é o nosso Deus, o Senhor é um só. Amarás o senhor teu Deus com todo o teu coração, com toda a tua alma e com todas as tuas forças..."

Após cumprir essa obrigação religiosa, retornava ao serviço: afinal, era com o suor do seu rosto, com a força de seus músculos e com os calos de suas mãos que tirava o sustento para si e para a sua família.

Ao meio-dia havia outra interrupção no trabalho e, de novo, outro momento de oração, na qual rezava lembrando a obediência aos mandamentos divinos, o amor exclusivo do coração e da alma ao Senhor. Deus e a promessa das bênçãos divinas. Depois dessa oração, a primeira parte da jornada de trabalho estava terminada.

Fazia-se então a refeição. Após um breve descanso, voltava-se à atividade normalmente, mas às 15h estava previsto um outro intervalo para o terceiro momento de oração do dia. E aqui mais uma vez José, como de resto os bons israelitas, elevava seus pensamentos a Deus, recordando as proezas da saída do Egito, na qual Javé colocou-se como o Deus do seu povo. Portanto, competia ao povo lembrar e pôr em prática todos os mandamentos. Feito esse momento de oração, retomava-se novamente o trabalho, até o fim da jornada.

José, imperturbável ao barulho da serra e do martelo, procurava dia após dia cadenciar tudo com suas orações e meditações. Animado por esse espírito, todos os seus trabalhos assumiam um significado profundo e imenso diante de Deus. Afinal, era ali, de maneira escondida, que se processava um grande mistério: um artesão pobre ensinava ao próprio Cristo uma profissão e este lhe obedecia colocando em prática todos os seus ensinamentos.

Um fato não deixa de instigar a imaginação de alguns pesquisadores: Nazaré estava a uma curta caminhada de uma cidade grande e rica, Séforis, capital da Galileia.

Ela era uma metrópole urbana sofisticada. Enquanto Nazaré não tinha uma única estrada pavimentada, as estradas em Séforis eram largas avenidas calçadas com lajes de pedra polida e ladeadas por casas de dois andares ostentando pátios abertos e cisternas privativas escavadas na rocha. Os nazarenos compartilhavam um único banheiro público. Em Séforis, dois aquedutos separados fundiam-se no centro da cidade, fornecendo água suficiente para os grandes banhos luxuosos e latrinas públicas que serviam quase toda a população de cerca de 40 mil habitantes.

Havia vilas romanas e mansões palacianas, algumas cobertas de mosaicos coloridos. Um teatro romano, no centro da cidade, tinha 4.500 assentos, e uma intrincada teia de estradas e rotas de comércio ligava Séforis à Judeia e ao resto das cidades da Galileia, fazendo dela um importante polo de cultura e comércio.

Quando Antipas começou a reconstruir a cidade com toda a dedicação, Jesus era um homem jovem, pronto para trabalhar no comércio de seu pai. Nessa época, praticamente todos os trabalhadores artesanais e diaristas da província teriam afluído a Séforis para tomar parte no que foi o maior projeto de restauração do período, e há grandes possibilidades de que Jesus e seus irmãos, que viviam a uma curta distância, em Nazaré, teriam estado entre eles.

De fato, desde o momento em que começou seu aprendizado até o dia em que lançou seu ministério como pregador itinerante, Jesus teria passado a maior parte de sua vida não na pequena aldeia de Nazaré, mas na capital cosmopolita, que era Séforis: o menino camponês em uma cidade grande.

Seis dias por semana Jesus poderia ter trabalhado na cidade real, construindo casas principescas para a aristocracia judaica durante o dia, retornando, à noite, a sua casa de paredes de barro.

Na verdade, José se apresenta como um homem completo para o seu tempo. Era seguro de si, possuía todos os requisitos de um homem instruído para a sua época, embora não fosse um homem de cátedra, mas um homem prático, capaz de tomar decisões coerentes e pertinentes a sua missão. Esse artesão desconhecido foi, efetivamente, um gigante de espírito. Descendente da tribo de Judá e da antiga dinastia da família do rei Davi, teve Nazaré da Galileia como sua morada e a carpintaria como local de trabalho. Eis uma breve síntese deste leigo que viveu na Palestina no tempo do dominador Herodes.

Até o presente momento procuramos projetar, ainda que palidamente, o contexto sociocultural religioso do tempo em que José viveu. A tradição diz que a carpintaria foi a ocupação de Jesus e, se essa afirmação é verdadeira[47], então, como um trabalhador artesanal e diarista, Jesus teria crescido como um camponês simples. Mas será que Jesus era analfabeto?

---

47. Marcos 6:3.

# ALFABETIZAÇÃO DE JESUS

AS TAXAS DE analfabetismo na Palestina do século I eram incrivelmente altas, sobretudo entre os mais pobres. Estima-se que cerca de 97% dos camponeses judeus não sabiam ler nem escrever, um número previsível para as sociedades predominantemente orais como a em que Jesus viveu.

Não se sabe quantos ou quais idiomas Jesus falava, mas não seria estranho se ele tivesse conhecimentos de grego, por ser a língua franca do Império Romano, da elite de Herodes, a aristocracia sacerdotal da Judeia, e os mais educados judeus da Diáspora[48]; hebraico, língua dos escribas e estudiosos da lei, e aramaico, o idioma principal do campesinato judaico e língua de Jesus.

---

48. A Diáspora judaica refere-se a diversas expulsões forçadas dos judeus pelo mundo e da consequente formação das comunidades judaicas fora do que hoje é conhecido como Israel, partes do Líbano e Jordânia. Geralmente se atribui o início da Primeira Diáspora judaica ao ano de 586 a.C., quando Nabucodonosor II – imperador babilônico – invadiu o Reino de Judá, destruindo Jerusalém e deportando os judeus para a Mesopotâmia. A Segunda Diáspora aconteceu muitos anos depois, em 70 d.C., quando os romanos destruíram Jerusalém, como descrevemos anteriormente, o que acarretou uma nova migração, fazendo os judeus irem para outros países da Ásia Menor, África ou sul da Europa.

O relato que Lucas faz de Jesus aos 12 anos[49], no Templo de Jerusalém, debatendo os pontos mais delicados das escrituras hebraicas com rabinos e escribas, lendo o pergaminho de Isaías, para espanto dos fariseus[50], do ponto de vista histórico impressiona, tendo em vista que não havia escolas em Nazaré para crianças camponesas frequentarem.

A educação que Jesus recebeu teria vindo direto de sua família e, considerando seu *status* de trabalhador artesanal e diarista, ela teria sido quase exclusivamente centrada em aprender o ofício de seu pai e de seus irmãos.

---

49. Lucas 2:42-52.
50. Lucas 4:16-22.

# IRMÃOS DE JESUS

O FATO DE que Jesus *tinha* irmãos é praticamente indiscutível, e trata-se de um fato comprovado várias vezes tanto pelos evangelhos como pelas cartas de Paulo. Até mesmo Josefo faz referência a Tiago, irmão de Jesus, que se tornaria o mais importante líder da igreja cristã primitiva, após a morte de Jesus.

Não há nenhum argumento racional contra a noção de que Jesus era parte de uma grande família, que incluía pelo menos quatro irmãos nomeados nos evangelhos – Tiago, José, Simão e Judas[51] – e um número desconhecido de irmãs que, embora os evangelhos mencionem, infelizmente não são nomeadas. Muito menos se sabe sobre o pai de Jesus, José, que rapidamente desaparece dos evangelhos após as narrativas da infância. O consenso é que José possivelmente morreu enquanto Jesus era ainda criança.

---

51. Mateus 12:46-47; 13:55-56; Marcos 3:31-32, 6:3; Lucas 8:19-20; João 2:12, 7:3, 7:5, 7:10; Atos 1:14; 1 Coríntios 9:5. O Novo Testamento (escrito originalmente em grego) nomeia-os como adelfos (*adelphoi*) de Jesus. *Delphys* é a palavra grega para "útero" e, por isso, adelfos significaria, literalmente, "do mesmo útero" neste contexto. Porém, há muita controvérsia sobre esta interpretação.

# VIRGINDADE DE MARIA

UM OUTRO FATO dos mais polêmicos é o fato de Mateus e Lucas citarem o nascimento virginal em suas respectivas narrativas da infância de Jesus. Hoje, alguns pesquisadores, como Francesca Stavrakopoulou[52], Elaine Pagels[53] e Bart Ehrman[54], argumentam que a história do nascimento virginal de Jesus é "essencialmente um erro de tradução". De acordo com eles, a profecia de Isaías[55]: "Eis que a virgem conceberá, e dará à luz um filho", não aponta para uma virgem, mas para uma moça em idade de se casar[56], que, devido a um erro de tradução, mais tarde foi entendida como uma profecia cumprida na gravidez da Virgem Maria.

Apenas a título de curiosidade, consta no *Talmud*

---

52. Professora de Bíblia Hebraica e Religião Antiga na Universidade de Exeter e Chefe do Departamento de Teologia e Religião.

53. Professora norte-americana de Religião na Universidade de Princeton, Ph.D. pela Universidade de Harvard.

54. Professor e chefe do departamento religioso da Universidade da Carolina do Norte.

55. Isaías 7:14.

56. Almah, em hebraico.

que Maria foi infiel ao marido[57] e por isso estaria grávida antes de se casar. Alguns estudiosos veem nessa afirmativa a justificativa para uma passagem descrita por Marcos, quando Jesus começa a pregar em sua cidade natal de Nazaré e é confrontado com o murmúrio dos vizinhos. Um deles pergunta sem rodeios: "Não é este o filho de Maria?"[58] Esta é uma declaração surpreendente, pois chamar um homem primogênito judeu na Palestina pelo nome da mãe – Jesus *bar* Maria, em vez de Jesus *bar* José – é quase um escândalo, um desrespeito. No entanto, a maioria dos estudiosos é avessa a tal linha de interpretação.

---

57. Talmud Shabat 104b, Sinédrio 67a.
58. Marcos 6:3.

# Estado civil de Jesus

Um mistério ainda mais controverso sobre Jesus envolve seu estado civil. Embora não haja nenhuma evidência no *Novo Testamento* para indicar que Jesus fosse casado, normalmente um homem judeu de 30 anos de idade, no tempo de Jesus, teria uma esposa. O celibato era extremamente raro na Palestina do século I. Um punhado de seitas, como a dos essênios, praticava o celibato, mas eram ordens quase monásticas; eles não só se recusavam a se casar como se isolavam da sociedade.

Não se pode ignorar o fato de que em nenhum lugar, entre todas as palavras já escritas sobre Jesus de Nazaré, dos evangelhos canônicos aos evangelhos gnósticos e às cartas de Paulo, ou mesmo nas polêmicas judaicas e pagãs escritas contra ele, há qualquer menção a uma esposa ou filhos.

# Por onde andou Jesus

É SIMPLESMENTE IMPOSSÍVEL dizer muito sobre o início da vida de Jesus em Nazaré. Isso porque, antes de ser declarado Messias, não importava que tipo de infância um camponês judeu de um pequeno vilarejo na Galileia pudesse ou não ter tido. Depois que Jesus foi declarado Messias, os únicos aspectos de sua infância e adolescência que contavam eram os que poderiam relacionar a identidade de Jesus com o Cristo.

Então, conclui-se facilmente que Jesus não esteve desaparecido até os 12 anos, sumindo novamente até os 30, mas que simplesmente não houve eventos significativos nesses períodos que fizessem jus a registros, pois possivelmente ele não teria feito nada de tão notável que lhe justificasse o título de Messias ou o Cristo.

# Quem foi Pôncio Pilatos

O PREFEITO PÔNCIO Pilatos chegou a Jerusalém no ano 26 d.C. Ele era o quinto prefeito, ou governador, que Roma enviava para supervisionar a ocupação da Judeia. Após a morte de Herodes, o Grande, e a demissão de seu filho Arquelau como etnarca em Jerusalém, Roma decidiu que seria melhor governar a província diretamente, ao invés de fazê-lo novamente por meio de outro rei-cliente judeu.

Os Pôncio eram samnitas, descendentes da região montanhosa do Samnio, ao sul de Roma, uma nação resistente, que havia sido vencida e absorvida à força pelo Império Romano no século III a.C. Pilatos era filho de um glorioso soldado romano que havia servido sob o comando de Júlio César, o que permitiu aos Pôncio subirem, de suas origens humildes, para a classe de cavaleiros romanos.

Mas ele não era um soldado; era um administrador, melhor com contas e registros do que com espadas e lanças. No entanto, não era um homem menos duro. Algumas fontes históricas assinalam que o governador se caracterizava por "sua venalidade, sua violência, seus roubos, seus assaltos, sua conduta abusiva, as frequentes execuções de prisioneiros que não tinham sido julgados, e uma ferocidade sem limites"[59].

O novo governador chegou a Jerusalém à noite, adornado com túnica branca e couraça dourada, uma capa vermelha sobre os ombros, anunciando sua presença na cidade, marchando pelos portões de Jerusalém, seguido por uma legião de soldados romanos, os quais carregavam estandartes com a imagem do imperador. Desse modo, sua chegada demonstrava certo desprezo para com o povo judeu.

O povo reagiu contra os símbolos do imperador dentro da cidade santa e enviou seus deputados a Cesareia Marítima, residência oficial dos procuradores. Pilatos esperou em vão uma revolta armada para poder utilizar os seus soldados, mas, em vez disso, veio a ordem de Cesareia para retirar todas as imagens.

Pilatos teve de obedecer a contragosto. Habituado como estava, a ser obedecido, não se conformou em vergar sua vontade perante um povo que considerava miserável e turbulento. Teria que esperar uma melhor ocasião para mostrar sua força ao povo de Jerusalém.

Não tardou uma oportunidade. Informado por seus engenheiros que Jerusalém precisava reconstruir seus velhos aquedutos, Pilatos simplesmente usou o dinheiro da corbã, dinheiro sagrado do Templo. Quando os ju-

---

59. SCHWARTZ, D. R. *Pontius Pilate*, in Anchor Bible Dictionary, vol. 5 (ed. D.N. Freedman), Doubleday, New York 1992, pp. 395-401.

deus protestaram, Pilatos enviou suas tropas para matá--los[60], à paisana, misturados com a multidão, armados com espadas e bastões, que levavam escondidos.

A luta entre Pilatos e os judeus ainda renderia muitos *rounds*. O problema com os aquedutos serviu para aumentar ainda mais o descontentamento do povo, chamando a atenção de Cesareia para as atitudes do novo governador.

Em certa ocasião, Pilatos resolveu por dedicar alguns escudos dourados em honra do Imperador Tibério e colocá-los dentro do palácio de Herodes em Jerusalém, causando nova revolta do povo. Alguns homens influentes enviam uma petição ao próprio Imperador, que ordena a transferência dos escudos para Cesareia.

O governador, que entrou em Jerusalém acreditando poder governar a Judeia com mão de ferro, teve que, prudentemente, medir seus atos, já que o descontentamento do povo despertara a atenção do próprio imperador. Sem a confiança daquele povo que julgava miserável, seus planos de obter um alto cargo junto do imperador e uma vida descansada em Roma, a capital do mundo, estariam arruinados. Outras revoltas significariam a sua substituição no cargo de governador da Judeia e o fim da sua carreira.

Os evangelhos apresentam a faceta de um Pilatos que estava no poder já havia alguns anos, um homem justo, mas sem força de vontade e tão perturbado pela dúvida de condenar Jesus de Nazaré à morte que faz tudo em

---

60. Lucas 13:1.

seu poder para salvá-lo, finalmente lavando as mãos de todo o episódio quando os judeus exigem seu sangue.

Pilatos ficou conhecido historicamente por sua depravação, seu desrespeito pela lei e as tradições judaicas e uma aversão pela nação judaica. Durante seu mandato em Jerusalém, enviou milhares de judeus para a cruz sem julgamento, no que o povo de Jerusalém se sentiu obrigado a apresentar uma queixa formal ao imperador romano.

Apesar disso, Pôncio Pilatos se tornou um dos mais longevos governadores romanos na Judeia, governando por dez anos. Para ele foram anos de um trabalho perigoso e volátil. Uma de suas tarefas mais importantes era garantir a chegada das receitas fiscais para Roma. Para isso, teve de desenvolver um relacionamento com o sumo sacerdote, assim o governador administraria os assuntos civis e econômicos, enquanto o sumo sacerdote manteria o culto judaico.

Era uma relação complexa que não raro acabava por comprometer um dos dois cargos. Para se ter uma ideia, os governadores antes de Pilatos serviram apenas poucos anos cada um, com exceção do antecessor imediato de Pilatos, Valério Grato. No entanto ele teve que lidar com cinco diferentes sumos sacerdotes em seu tempo como governador. Em seu mandato de uma década Pilatos teve apenas um sumo sacerdote com quem tratar: José Caifás.

Como a maioria dos sumos sacerdotes, Caifás era um homem extremamente rico e provavelmente foi nomeado ao cargo por meio da influência do sogro Ananus, um homem surpreendente, que conseguiu passar a posição para cinco de seus filhos, mantendo uma força significativa durante toda a administração de Caifás.

De acordo com o *Evangelho de João*, depois que Jesus foi preso no Jardim do Getsêmani, ele foi levado até Ananus para interrogatório antes de ser arrastado até Caifás para o julgamento[61]. Grato havia designado Caifás como sumo sacerdote no ano 18 d.C., ou seja, ele já havia cumprido oito anos no cargo quando Pilatos chegou a Jerusalém. Parte da razão de Caifás ter sido capaz de ocupar o posto por inéditos 18 anos foi a estreita relação que forjou com Pôncio Pilatos. Os dois homens trabalhavam bem juntos. O período de seu governo combinado, de 18 d.C. a 36 d.C., coincidiu com o período mais estável em todo o século I.

Juntos, eles conseguiram abafar os impulsos revolucionários dos judeus, não sem certa violência. No entanto, apesar de seus melhores esforços, Pilatos e Caifás foram incapazes de lidar com a safra crescente de pregadores, pretensos profetas, bandidos e autodeclarados messias que passaram a perambular pela terra santa, reunindo discípulos, pregando a libertação de Roma e prometendo a vinda do Reino de Deus.

O mais famoso deles foi um pregador asceta chamado João que começou a batizar as pessoas nas águas do Rio Jordão em 28 d.C., iniciando-as no que ele acreditava ser a verdadeira nação de Israel. O tetrarca de Pilatos na Pereia, Herodes Antipas, mandou prendê-lo e o executou por volta de 30 d.C.

---

61. João 18:13.

Poucos anos mais tarde, um carpinteiro de Nazaré chamado Jesus guiou um grupo de discípulos em uma procissão triunfante para dentro de Jerusalém, onde ele, no Templo, virou as mesas dos cambistas e soltou de suas gaiolas os animais para sacrifício. Acabou capturado e sentenciado à morte nas mãos de Pilatos.

No entanto, tais atitudes não contabilizavam a favor do governador junto ao Império. A gota d'água veio três anos depois, em 36 d.C., quando um messias conhecido apenas como "o Samaritano" reuniu um grupo de seguidores no topo do monte Gerizim, onde alegou que revelaria "vasos sagrados" escondidos lá por Moisés.

Pilatos respondeu com um destacamento de soldados romanos que escalaram Gerizim e chacinaram a fiel multidão do samaritano. Foi esse ato final de violência desenfreada que encerrou o mandato de governador de Pilatos em Jerusalém. Convocado a Roma para explicar suas ações ao imperador Tibério, Pilatos nunca mais voltou para a Judeia. Acabou exilado na Gália em 36 d.C. José Caifás foi demitido do cargo de sumo sacerdote no mesmo ano.

# A RELEVÂNCIA DE JOÃO BATISTA

JOÃO BATISTA ERA filho do sacerdote Zacarias e de Isabel, prima de Maria, por parte de Aarão, nascido numa pequena aldeia chamada Aim Karim, a cerca de 6 quilômetros de distância a oeste de Jerusalém.

Após o ano 22 a.C., data do falecimento de sua mãe, ele teria doado todos os bens à comunidade nazarita e iniciado uma vida dedicada à pregação, cujos temas principais eram a futura vinda de um Messias que estabeleceria o Reino do Céu, um discurso messiânico e apocalíptico.

João Batista pareceria aos nossos olhos um homem selvagem. Vestido com pelos de camelo e um cinto de couro amarrado na cintura, alimentava-se de gafanhotos e mel silvestre. Viajou às margens do Rio Jordão, através da Judeia e da Pereia, pela Betânia e Aenon, com uma mensagem simples, porém poderosa.

Alertava João, por metáforas, que o machado já estaria colocado junto à raiz da árvore e que toda árvore que não produzisse bons frutos seria cortada e lançada ao fogo[62]. Para os ricos que vinham a ele em busca de conselhos, João dizia que aquele que tivesse duas túnicas deveria compartilhá-las com quem não tem nenhuma e aquele que tivesse alimentos deveria fazer o mesmo[63]. Para os publicanos que lhe perguntavam o caminho da salvação, ele dizia para que não cobrassem nada além daquilo que fosse estabelecido para ser cobrado[64]. Para os soldados que pediam orientação, ele dizia para que não intimidassem, chantageassem e se contentassem com seus salários[65].

O nome de João Batista acabou por tornar-se conhecido, motivando muitas pessoas a vir de longe, de lugares como a Galileia, viajando por dias através do severo deserto da Judeia para ouvi-lo pregar às margens do Jordão. O pregador realizava um ritual simples, que acabou marcado na história e continua a ser realizado até hoje por muitas vertentes cristãs, em homenagem ao seu nome: o batismo.

João Batista solicitava que as pessoas tirassem suas vestes e atravessassem para a margem leste do rio, onde ele as esperava. Uma a uma, ele as mergulhava na água corrente, e então voltavam para a margem ocidental do Rio Jordão, num simbolismo referente à travessia que seus antepassados haviam feito mil anos antes – voltando para a "terra prometida" por Deus. Dessa forma, quem era batizado formava uma espécie de *nova* nação

---

62. Lucas 3:7.
63. Lucas 3:11.
64. Lucas 3:12-13.
65. Lucas 3:14.

de Israel: formada por pessoas arrependidas, redimidas e prontas para receber o Reino de Deus.

Considera-se que a principal influência na vida de João terá sido os registros que lhe chegaram sobre o profeta Elias. Desde sua forma de vestir com peles de animais até o método de exortação nos seus discursos públicos demonstravam uma admiração pelos métodos antepassados do profeta Elias. Foi muitas vezes chamado de "encarnação de Elias" e algumas passagens do *Novo Testamento* deixam muito claro que João Batista seria realmente a reencarnação de Elias[66].

No entanto, as ações de João Batista geraram sérias polêmicas em seu desfavor. Da mesma forma que acolhia e advertia os judeus, também o fazia com os gentios, e isso dividia a opinião da população a seu respeito. Sua vida chegou ao fim por causa de uma simples crítica. João foi preso na Pereia, a mando do rei Herodes Antipas I, por este ter criticado seu casamento com Herodias, que era a esposa de seu meio-irmão – também chamado de Herodes.

Não satisfeito em encarcerar João, Herodias traçou um plano para matá-lo. Por ocasião do aniversário de Antipas, Herodias obrigou sua filha, Salomé, a executar uma dança sensual para seu tio e padrasto. Impressionado pela beleza e os movimentos de Salomé, ele imediatamente lhe ofereceu "o que quiseres". Por orientação da mãe, Salomé então pediu a cabeça de João Batista.

Do ponto de vista histórico, seria injusto imputar a

---

66. Mateus 17:12 e Marcos 9:11-13.

morte de João Batista a uma simples dança erótica. Alguns historiadores, como o próprio Josefo, acresce a essa história outros fatores que motivaram Antipas a tomar essa atitude radical, e o mais forte deles o fato de que o pregador era um homem muito popular e influente, que para qualquer governante da época soava como um aviso de possível insurreição, já que muitas pessoas pareciam dispostas a fazer qualquer coisa que ele aconselhasse. Ainda mais se acreditassem que o fim do mundo estaria próximo ou que uma nova ordem mundial estivesse para ser imposta, cheia de igualdade e justiça.

A partir dessa visão mais ampla do contexto histórico, as razões de Antipas não parecem tão passionais e aleatórias, já que até seus soldados estavam se dirigindo a ele pedindo conselhos, como narra Lucas[67]. João foi acusado de sedição e enviado para a fortaleza de Maqueronte, onde foi decapitado sem alarde em algum momento entre 28 e 30 d.C. Do ponto de vista reencarnacionista, esse fato ainda favorece os relatos de que João seria Elias, já que no *Antigo Testamento* o antigo profeta foi o responsável pela decapitação de 450 seguidores de Baal[68], o que cai muito bem como reflexo da lei de causa e efeito.

Apesar da morte, a fama de João sobreviveu durante muito tempo. Quando Antipas foi derrotado pelo rei Aretas IV, em 36 d.C., perdendo tudo e sendo exilado, os comentários entre o povo diziam ser isso um castigo di-

---

67. Lucas 3:14.
68. 1 Reis 16:40.

vino por ele ter executado João. Muito tempo depois da morte do Batista, os judeus ainda ponderaram sobre o significado de suas palavras e atos. Seus discípulos continuaram a vagar pela Judeia e pela Galileia, batizando as pessoas em seu nome.

Aliás, o ato de batizar tem uma história curiosa. João Batista não foi um empreendedor criativo que lançou uma moda inédita; na realidade, batismos e rituais de água eram bastante comuns no antigo Oriente.

Certos grupos iniciavam os fiéis em suas ordens imergindo-os em água. Gentios convertidos ao judaísmo muitas vezes tomavam um banho cerimonial para livrar-se de sua antiga identidade e entrar na tribo escolhida. Os judeus reverenciavam a água por suas qualidades liminares, acreditando que ela tinha o poder de transportar uma pessoa ou objeto de um estado a outro: do sujo ao limpo, do profano ao sagrado. A *Bíblia* está repleta de práticas, onde tendas ou espadas eram molhadas com água para serem dedicadas ao Senhor, bem como leprosos ou mulheres menstruadas, que eram totalmente imersos em água como um ato de purificação.

Os sacerdotes do Templo de Jerusalém derramavam água em suas mãos antes de se aproximarem do altar para fazer sacrifícios. O sumo sacerdote passava por uma imersão, antes de entrar no Santo dos Santos no Dia da Expiação, e por outra, imediatamente depois de tomar sobre si os pecados da nação.

A mais famosa seita da época a praticar imersões era a já mencionada comunidade dos essênios. No entanto, o batismo de João tem um significado especial revelado por Marcos ao afirmar que João oferecia "um batismo de arrependimento para a remissão dos pecados[69]", que podia ter vários desdobramentos, como uma atitude de recomeço, com uma nova disposição em "acertar mais", um começo de uma nova vida.

O momento mais marcante na trajetória terrena de João Batista, com certeza, foi quando Jesus de Nazaré deixou a pequena aldeia montanhesa de Nazaré, na Galileia, abandonou sua casa, sua família e suas obrigações, e caminhou até a Judeia para ser batizado por ele no Rio Jordão, quando João reconhece a divindade de Jesus: "Eu preciso ser batizado por ti, e tu vens a mim?"[70]

Após o emocionante encontro, os evangelhos deixam claro que, em vez de retornar para a Galileia depois do batismo, ele foi para o deserto da Judeia; isto é, Jesus foi diretamente para o lugar de onde João tinha acabado de sair. E ele ficou no deserto por um tempo, período em que é narrada a tentação pelo diabo.

Se nesse período Jesus passou ou não algum tempo com os seguidores de João Batista não está registrado, mas as primeiras palavras do ministério público de Jesus são muito semelhantes às de João, em uma série de afirmativas, como ao dizer que o Reino de Deus estaria próximo, ou solicitando que todos se arrependessem e acreditassem nas boas-novas[71]; bem como na primeira ação pública de Jesus, na Judeia, batizando[72].

---

69. Marcos 1:4.
70. Mateus 3:14.
71. Marcos 1:15.
72. João 3:22-23.

Ademais, André e Filipe, os primeiros discípulos de Jesus, eram discípulos de João Batista[73]. Eles apenas seguiram Jesus depois que João foi preso.

Jesus permaneceu na Judeia durante algum tempo depois do batismo, frequentemente atuando junto a João. Só quando o batista é preso é que Jesus deixa a Judeia e volta para casa, para sua família.

Seria de volta na Galileia, entre seu próprio povo, que Jesus vestiria totalmente o manto de pregador e começaria a divulgar o Reino de Deus e o julgamento vindouro. No entanto, sua mensagem seria muito mais revolucionária, sua concepção do Reino de Deus muito mais profunda, e seu senso sobre a própria identidade e missão muito mais impactantes do que qualquer coisa que João Batista pudesse ter concebido.

---

73. João 1:35-37.

# Os perigos da Galileia

Quando Jesus nasceu, a Galileia passava por um período de grande turbulência, com o exército romano sufocando focos de rebeliões por todo o país e, nesse processo, espalhando destruição e morte onde passava. Sua primeira década de vida coincidiu com a pilhagem e a destruição do campo; a segunda, com a remodelação nas mãos de Antipas.

Quando Jesus saiu da Galileia para a Judeia, para encontrar João Batista, Antipas já havia se mudado de Séforis para Tiberíades. No momento em que retornou, a Galileia que ele conhecia, de agricultura familiar e campos abertos, de pomares florescentes e vastos prados cheios de flores silvestres, mais se parecia com a província da Judeia, que ele tinha acabado de deixar para trás: urbanizada, helenizada, injusta e com claras diferenças entre os que tinham e os que não tinham.

Há grandes chances de que a primeira parada de Jesus ao retornar tivesse sido Nazaré, onde sua família ainda residia, mas provavelmente não ficou muito tempo em sua cidade natal. Jesus tinha partido de Nazaré como um simples artesão ou carpinteiro e voltou como outra coisa. Sua transformação criou uma profunda fenda em sua comunidade. As pessoas pareciam reconhecer com dificuldade o pregador itinerante que, de repente, reapareceu em sua aldeia. Os evangelhos dizem que a mãe, os irmãos e irmãs de Jesus estavam escandalizados com o que as pessoas estavam dizendo sobre ele – eles tentaram desesperadamente silenciá-lo e contê-lo[74]. No entanto, quando eles se aproximaram de Jesus e pediram-lhe para voltar para casa e retomar os negócios da família, ele recusou, olhando a que estava ao redor e perguntando sobre quem seriam sua mãe e seus irmãos e em seguida respondendo que seriam todos aqueles que fizessem a vontade de Deus[75].

Esse relato no *Evangelho de Marcos* é frequentemente interpretado como sugerindo que a família de Jesus rejeitou seus ensinamentos ou não aceitou sua missão. Mas não há nada na resposta de Jesus que sugira hostilidade entre ele e os irmãos. Também não há nada nos evangelhos que indique que a família de Jesus rejeitou sua proposta de vida.

Pelo contrário, os irmãos de Jesus tiveram um papel bastante significativo no movimento que ele iniciou. Seu irmão Tiago tornou-se o líder da comunidade em Jerusalém após a crucificação. Talvez sua família tenha sido lenta em aceitar os ensinamentos e as extraordinárias afirmações de Jesus. Mas a evidência histórica sugere que todos acabaram por acreditar nele e na sua missão.

---

74. Marcos 3:21.
75. Marcos 3:31-34.

Com os vizinhos de Jesus, no entanto, a história parece ter sido diferente. O Evangelho narra seus conterrâneos nazarenos angustiados com esse efusivo retorno. Aparentemente, apesar de alguns falarem bem, outros se espantaram com suas palavras; a maioria pareceu profundamente perturbada com sua postura e ensinamentos. O *Evangelho de Lucas* afirma que os moradores de Nazaré acabaram por levá-lo até o cume do monte em que a vila fora construída e tentaram empurrá-lo de um penhasco[76], que provavelmente era apenas a encosta suavemente inclinada – já que não havia penhascos na região[77].

Ainda assim é claro o fato de que, pelo menos num primeiro momento, Jesus foi incapaz de encontrar seguidores em sua aldeia. E acabou por abandonar a casa de sua infância, afirmando que os profetas não são reconhecidos em sua própria terra, trocando-a por uma vila de pescadores próxima, chamada Cafarnaum, na Costa Norte do Mar da Galileia. Cafarnaum era o lugar ideal para Jesus lançar seu ministério, uma vez que reflete perfeitamente as mudanças calamitosas provocadas pela nova economia da Galileia sob o domínio de Antipas.

---

76. Lucas 4:14-30.
77. Zelota, de Reza Aslan, Cap. 8.

# O começo em Cafarnaum

A ALDEIA DE Cafarnaum se estendia ao longo de uma boa extensão da costa, permitindo que o fresco ar salgado alimentasse todos os tipos de plantas e árvores. Tufos de exuberante vegetação marinha prosperavam, seguindo o litoral, enquanto moitas de nogueiras e pinheiros, figueiras e oliveiras se multiplicavam pelas colinas mais baixas do interior. A vila costeira de cerca de 1.500 habitantes, em sua maioria agricultores e pescadores, conhecida pelo clima temperado e o solo fértil, iria tornar-se o lar de Jesus ao longo do primeiro ano de sua missão.

Mas a grande vantagem da cidade era mesmo seu rico mar, recheado de uma variedade de peixes que alimentavam a comunidade havia séculos, e que, quando Jesus estabeleceu seu ministério por lá, também atendia as necessidades das novas cidades que surgiram em torno dela, especialmente a nova capital, Tiberíades, que ficava a poucos quilômetros ao sul.

A produção de alimentos era intensa e, com isso, a qualidade de vida dos agricultores e pescadores era razoável, sendo detentores de terras cultiváveis, barcos e

redes. Mas poderia ser melhor. Como no resto da Galileia, os lucros dos meios de produção acabavam por
beneficiar mais os sacerdotes ricos da Judeia e da nova
elite urbana em Séforis e em Tiberíades.

A maioria dos moradores de Cafarnaum tinha ficado à margem da nova economia, em meio a tantas mudanças, e especialmente essas pessoas foram visadas
por Jesus.

Isso não quer dizer que Jesus estivesse interessado
apenas nos pobres, ou que só os pobres iriam segui-
-lo. Uma série de benfeitores prósperos, como os coletores de pedágio Levi[78] e Zaqueu[79], o rico Jairo[80] e uma
série de benfeitoras como Maria Madalena, Joana[81],
Susana e muitas outras[82], financiariam a missão de Jesus, fornecendo alimentação e hospedagem para ele e
seus seguidores.

Mas a mensagem de Jesus muitas vezes tornou-se
um desafio direto aos ricos e poderosos de toda parte. A
mensagem era simples: os gritos de angústia e sofrimento dos pobres e despossuídos eram ouvidos por Deus,
que, com certeza, já estava tomando atitudes justas a
esse respeito.

Essa pode não ter sido uma mensagem nova – João
pregara algo semelhante –, mas era uma mensagem que
estava sendo entregue a uma nova Galileia, por um ho-

---

78. Marcos 2:13-15.
79. Lucas 19:1-10.
80. Marcos 5:21-43.
81. Mulher de Cuza, administrador da casa de Herodes.
82. Lucas 8:1-3.

mem que era um experiente e verdadeiro galileu, ou seja, tinha total identificação com seu público-alvo e compartilhava os sentimentos que permeavam a província. No entanto, apesar dessa forte identificação, havia uma universalidade nos ensinos do Cristo, que fizeram que sua palavra extrapolasse as fronteiras da Galileia, alcançando regiões longínquas do mundo antigo com o decorrer dos anos.

No entanto, Jesus já havia partido de Cafarnaum, quando começou a reunir consigo um pequeno grupo de galileus que pensavam como ele, selecionados principalmente a partir das fileiras de jovens descontentes da vila de pescadores, que se tornariam os seus primeiros discípulos – lembrando que Jesus já chegara com alguns discípulos ao seu lado, aqueles que haviam deixado João Batista depois de sua prisão.

De acordo com o *Evangelho de Marcos*, Jesus encontrou seus primeiros seguidores enquanto caminhava à beira do mar da Galileia. Observando dois jovens pescadores, Simão e seu irmão André, lançarem as redes, ele disse para segui-lo, que os faria pescadores de homens. Os irmãos, escreve Marcos, imediatamente deixaram cair suas redes e foram com ele. Algum tempo depois, Jesus encontrou outro par de pescadores, Tiago e João, os jovens filhos de Zebedeu, e fez a mesma oferta. Eles também deixaram o barco e as redes e seguiram Jesus[83].

O que fez os discípulos se destacarem das multidões que cercavam Jesus entre uma ou outra aldeia era o fato

---

83. Marcos 1:16-20.

de que eles realmente viajavam com Jesus. Ao contrário dos entusiastas, os discípulos foram especificamente chamados por Jesus a deixar suas casas e suas famílias para trás para segui-lo de cidade em cidade[84].

O *Evangelho de Lucas* afirma que havia 72 discípulos ao todo[85] e, sem dúvida, nesse número se incluíam mulheres – algumas das quais, desafiando a tradição, são nomeadas no *Novo Testamento*: Joana, mulher do administrador de Herodes, Cuza; Maria, mãe de Tiago e de José; Maria, mulher de Cléofas; Susana; Salomé e a mais famosa de todas, Maria de Magdala (ou Maria Madalena), a quem Jesus havia curado de "sete demônios"[86].

Que essas mulheres agiam como discípulos de Jesus é demonstrado pelo fato de que todos os quatro evangelhos as apresentam como viajando com ele de cidade em cidade[87]. Os evangelhos afirmam que muitas outras mulheres seguiram Jesus e o serviram[88], desde seus primeiros dias de pregação na Galileia até seu último suspiro na colina do Gólgota. Entre os 72, no entanto, houve um núcleo interno de discípulos, todos eles homens que teriam uma função especial no ministério de Jesus. Estes foram conhecidos como os doze apóstolos.

---

84. Lucas 14:26; Mateus 10:37.
85. Lucas 10:1-12.
86. Lucas 8:2.
87. Marcos 15:40-41; Mateus 27:55-56; Lucas 8:2-3, 23:49; João 19:25.
88. Marcos 15:40-41.

# Os apóstolos

Sobre os apóstolos de Jesus, sabe-se algumas coisas.

**André** – No dia seguinte àquele em que João Batista viu o "Espírito Santo" descer sobre Jesus, ele o apontou para dois de seus discípulos, chamando-o de Cordeiro de Deus[89]. Movidos de curiosidade, os dois deixaram João e começaram a seguir Jesus, que os levou à casa onde ele se hospedava e passaram a noite com ele. Um desses homens chamava-se André[90]. André foi logo à procura de seu irmão, Simão Pedro, a quem disse ter achado o Messias[91]. Por seu testemunho, ele ganhou Pedro para o Senhor. André é tradução do grego *Andreas*, que significa varonil. Outras pistas dos evangelhos indicam que André era fisicamente forte, e homem devoto e fiel. Ele e Pedro eram donos de uma casa[92]. Eram filhos de um homem chamado Jonas ou João, um próspero pescador. Ambos os jovens haviam seguido o pai no negócio da

---

89. João 1:36.
90. João 1:38-40.
91. João 1:41.
92. Marcos 1:29.

pesca e eram pescadores. André nasceu em Betsaida, nas praias do Norte do Mar da Galileia. Embora o *Evangelho de João* descreva o primeiro encontro dele com Jesus, não o menciona como discípulo até muito mais tarde[93]. O *Evangelho de Mateus* diz que quando Jesus caminhou junto ao mar da Galileia, ele saudou a André e a Pedro e os convidou para se tornarem discípulos[94]. Isto não contradiz a narrativa de João; simplesmente acrescenta um aspecto novo. Uma leitura atenta de João[95] mostra-nos que Jesus não chamou André e Pedro para segui-lo quando se encontraram pela primeira vez. André e outro discípulo chamado Filipe apresentaram a Jesus um grupo de gregos[96]. Por este motivo podemos dizer que eles foram os primeiros missionários estrangeiros da fé cristã. Diz a tradição que André viveu seus últimos dias na Cítia, ao norte do Mar Negro. Mas um livreto intitulado *Atos de André* (provavelmente escrito por volta do ano 260 d.C.) diz que ele pregou primariamente na Macedônia e foi martirizado em Patras. Diz ainda que ele foi crucificado numa cruz em forma de "X", símbolo religioso conhecido como Cruz de Santo André.

**Bartolomeu (Natanael)** – Falta-nos informação sobre a identidade do apóstolo chamado Bartolomeu. Ele só é mencionado na lista dos apóstolos. Além do mais, enquanto os evangelhos sinóticos concordam em que seu

---

93. João 6:8.
94. Mateus 4:18-19.
95. João 1:35-40.
96. João 12:20-22.

nome era Bartolomeu, João o dá como Natanael[97]. Creem alguns estudiosos que Bartolomeu era o sobrenome de Natanael. A palavra aramaica *bar* significa *filho;* por isso o nome Bartolomeu significa literalmente *filho de Talmai.* A *Bíblia* não identifica quem foi Talmai. Supondo que Bartolomeu e Natanael sejam a mesma pessoa, o *Evangelho de João* nos proporciona várias informações acerca de sua personalidade. Jesus chamou Natanael de "israelita em quem não há dolo"[98]. Diz a tradição que ele serviu como missionário na Índia e que foi crucificado de cabeça para baixo.

**Tiago (Filho de Alfeu)** - Os evangelhos fazem apenas referências passageiras a Tiago, filho de Alfeu[99]. Muitos estudiosos creem que Tiago era irmão de Mateus, visto a *Bíblia* dizer que o pai de Mateus também se chamava Alfeu[100]. Outros creem que este Tiago se identificava como Tiago, o Menor, mas não temos prova alguma de que esses dois nomes se referiam ao mesmo homem[101]. Se o filho de Alfeu era, deveras, o mesmo homem Tiago, o Menor, talvez ele tenha sido primo de Jesus[102]. Alguns comentaristas da *Bíblia* teorizam que este discípulo trazia uma estreita semelhança física com Jesus, o que poderia explicar por que Judas Iscariotes teve de identificar Jesus na noite em que foi traído[103]. Dizem as lendas

---

97. João 1:45.
98. João 1:47.
99. Mateus 10:3; Lucas 6:15.
100. Marcos 2:14.
101. Marcos 15:40.
102. Mateus 27:56; João 19:25.
103. Marcos 14:43-45; Lucas 22:47-48.

que ele pregou na Pérsia e aí foi crucificado. Mas não há informações concretas sobre sua vida, ministério posterior e morte.

**Tiago (Filho de Zebedeu)** - Depois que Jesus convocou a Simão Pedro e a seu irmão, André, ele caminhou um pouco mais ao longo da praia da Galileia e convidou a Tiago, filho de Zebedeu, e João, seu irmão, que estavam no barco consertando as redes[104]. Tiago (conhecido como o Maior) e seu irmão responderam imediatamente ao chamado de Cristo. Ele foi o primeiro dos doze a sofrer a morte de mártir. O rei Herodes Agripa I ordenou que ele fosse executado ao fio da espada[105]. A tradição diz que isto ocorreu no ano 44 d.C., quando ele seria ainda bem moço. Os evangelhos nunca mencionam Tiago sozinho; sempre falam de Tiago e João. Até no registro de sua morte, o livro de *Atos* refere-se a ele como Tiago, irmão de João[106]. Eles começaram a seguir a Jesus no mesmo dia, e ambos estiveram presentes na Transfiguração[107]. Jesus chamou a ambos de "filhos do trovão"[108]. A perseguição que tirou a vida de Tiago infundiu novo fervor entre os cristãos[109]. Herodes Agripa esperava sufocar o movimento cristão executando líderes como Tiago, mas este cresceu incessantemente[110]. As tradições afirmam que ele foi o primeiro missionário cristão na Espanha.

---

104. Marcos 1:19.
105. Atos 12:2.
106. Atos 12:2.
107. Marcos 9:2-13.
108. Marcos 3:17.
109. Atos 12:5-25.
110. Atos 12:24.

**João** – Felizmente, temos considerável informação acerca do discípulo chamado João. Marcos diz-nos que ele era irmão de Tiago, filho de Zebedeu[111]. Diz também que Tiago e João trabalhavam com "os empregados" de seu pai[112]. Alguns eruditos especulam que a mãe de João era Salomé, que assistiu à crucificação de Jesus[113]. Se Salomé era irmã da mãe de Jesus, como sugere o *Evangelho de João*[114], João pode ter sido primo de Jesus. Jesus encontrou a João e a seu irmão Tiago consertando as redes junto ao Mar da Galileia. Ordenou-lhes que se fizessem ao largo e lançassem as redes. Arrastaram uma enorme quantidade de peixes – milagre que os convenceram do poder de Jesus. "E, arrastando eles os barcos sobre a praia, deixando tudo, o seguiram"[115]. Simão Pedro foi com eles. João parece ter sido um jovem impulsivo. Logo depois que ele e Tiago entraram para o círculo íntimo dos discípulos de Jesus, o Mestre os apelidou de "filhos do trovão"[116].

Os discípulos pareciam relegar João a um lugar secundário em seu grupo. Todos os evangelhos mencionavam a João depois de seu irmão Tiago; na maioria das vezes, parece, Tiago era o porta-voz dos dois irmãos. Paulo menciona a João entre os apóstolos em Jerusalém, mas o faz colocando o seu nome no fim da lista[117]. Muitas

---

111. Marcos 1:19.
112. Marcos 1:20.
113. Marcos 15:40.
114. João 19:25.
115. Lucas 5:11.
116. Marcos 3:17.
117. Gálatas 2:9.

vezes João deixou transparecer suas emoções nas conversas com Jesus. Certa ocasião ele ficou transtornado porque alguém mais estava servindo em nome de Jesus. "E nós lho proibimos", disse ele a Jesus, "porque não seguia conosco"[118]. Jesus replicou: "Não lho proibais... pois quem não é contra nós, é por nós"[119]. Noutra ocasião, ambiciosos, Tiago e João sugeriram que lhes fosse permitido se assentar à esquerda e à direita de Jesus na sua glória. Esta ideia os indispôs com os outros discípulos[120]. Mas a ousadia de João foi-lhe vantajosa na hora da morte e da ressurreição de Jesus. João era "conhecido do sumo sacerdote"[121], isto o tornaria facilmente vulnerável à prisão quando os guardas do sumo sacerdote prenderam a Jesus. Não obstante, João foi o único apóstolo que se atreveu a permanecer ao pé da cruz, e Jesus entregou-lhe sua mãe aos seus cuidados[122]. Ao ouvirem os discípulos que o corpo de Jesus já não estava no túmulo, João correu na frente dos outros e chegou primeiro ao sepulcro. Contudo, ele deixou que Pedro entrasse antes na câmara de sepultamento[123]. Se João escreveu, deveras, o quarto Evangelho, *As Cartas de João* e o *Apocalipse*, ele escreveu mais textos do *Novo Testamento* do que qualquer dos demais apóstolos e não há motivos para duvidar que esses livros sejam de sua autoria. Diz a tra-

---

118. Marcos 9:38.
119. Marcos 9:39-40.
120. Marcos 10:35-41.
121. João 18:15.
122. João 19:26-27.
123. João 20:1-4-8.

dição que ele cuidou da mãe de Jesus enquanto pastoreou a congregação em Éfeso, e que ela morreu ali. Condenado pelo imperador Domiciano, no ano 95 d.C., foi levado a Roma e exilado na Ilha de Patmos, onde ficou por 4 anos, até que Domiciano fosse assassinado e Nerva assumisse seu lugar, libertando-o. Acredita-se que ele viveu até avançada idade, e seu corpo foi devolvido a Éfeso para sepultamento.

**Judas** (não o Iscariotes[124]) – Não é fácil determinar a identidade desse homem. O *Novo Testamento* refere-se a diversos homens com o nome de Judas – Judas Iscariotes; Judas, irmão de Jesus[125]; Judas, o galileu[126] e Judas, não o Iscariotes. Evidentemente, João desejava evitar confusão quando se referia a esse homem, especialmente porque o outro discípulo chamado Judas não gozava de boa fama.

Mateus e Marcos referem-se a esse homem como Tadeu[127]. Lucas o menciona como Judas, filho de Tiago[128]. Não sabemos ao certo quem era o pai de Tadeu. O historiador Eusébio diz que Jesus uma vez enviou esse discípulo ao rei Abgar da Mesopotâmia a fim de orar pela sua cura. Segundo essa história, Judas foi a Abgar, de-

---

124. João 14:22.
125. Mateus 13:53-55: "E aconteceu que Jesus, concluindo estas parábolas, se retirou dali. E, chegando à sua pátria, ensinava-os na sinagoga deles, de sorte que se maravilhavam, e diziam: De onde veio a este a sabedoria, e estas maravilhas? Não é este o filho do carpinteiro? e não se chama sua mãe Maria, e seus irmãos Tiago, e José, e Simão, e Judas?"; Marcos 6:3.
126. Atos 5:37.
127. Mateus 10:3; Marcos 3:18.
128. Lucas 6:16; Atos 1:13.

pois da ascensão de Jesus, e permaneceu para pregar em várias cidades da Mesopotâmia. Diz outra tradição que esse discípulo foi assassinado por mágicos na cidade de Suanir, na Pérsia. Mataram-no a pauladas e pedradas.

**Judas Iscariotes** – Todos os evangelhos colocam Judas Iscariotes no fim da lista dos discípulos de Jesus. Sem dúvida alguma isso reflete a má fama de Judas como traidor de Jesus. A palavra aramaica Iscariotes literalmente significa "homem de Queriote". Queriote era uma cidade próxima a Hebron. Contudo, João diz-nos que Judas era filho de Simão[129]. Se Judas era, de fato, natural dessa cidade, dentre os discípulos, ele era o único procedente da Judeia. Os habitantes da Judeia desprezavam o povo da Galileia como rudes colonizadores de fronteira. Essa atitude pode ter alienado Judas Iscariotes dos demais discípulos.

Os evangelhos não nos dizem exatamente quando Jesus chamou Judas para juntar-se ao grupo de seus seguidores. Talvez tenha sido nos primeiros dias, quando Jesus chamou tantos outros[130]. Judas funcionava como tesoureiro dos discípulos e, pelo menos em uma ocasião, manifestou uma atitude sovina para com o trabalho. Foi quando uma mulher por nome Maria derramou unguento precioso sobre os pés de Jesus. Judas reclamou, perguntando-lhe por que não vendeu o perfume por 300 denários, dando o dinheiro aos pobres[131]. No versículo seguinte João comenta que Judas disse por que

---

129. João 6:71.
130. Mateus 4:18-22.
131. João 12:5.

era ladrão. Enquanto os discípulos participavam de sua última refeição com Jesus, o Senhor revelou saber que estava prestes a ser traído e indicou Judas como o criminoso. Disse ele a Judas que, se o pretendesse fazer, que o fizesse[132]. Todavia, os demais discípulos não suspeitavam do que Judas estava prestes a fazer. João, inclusive, relata que, como Judas era quem carregava a bolsa, pensaram que Jesus lhe pedira para comprar o que precisavam para a festa da Páscoa[133]. Narram Lucas e João que Judas traiu o Senhor Jesus, influenciado ou inspirado pelo maligno,[134] mas algumas correntes de pensamento propõem que a traição ocorreu numa tentativa frustrada, por parte de Judas, de que um confronto armado pudesse fazer com que Jesus revelasse seu poder. Tocado pelo remorso, Judas procurou devolver o dinheiro aos captores de Jesus e enforcou-se[135].

**Mateus** – Nos tempos de Jesus, o governo romano coletava diversos impostos do povo palestino. Pedágios pra transportar mercadorias por terra ou por mar eram recolhidos por coletores particulares, os quais pagavam uma taxa ao governo romano pelo direito de avaliar esses tributos. Os cobradores de impostos auferiam lucros cobrando um imposto mais alto do que a lei permitia. Os coletores licenciados muitas vezes contratavam oficiais de menor categoria, chamados de publicanos, para efetuar o verdadeiro trabalho de coletar. Os publicanos

---

132. João 13:27.
133. João 13:28-29.
134. Lucas 22:3; João 13:27.
135. Mateus 27:5.

recebiam seus próprios salários cobrando uma fração a mais do que seu empregador exigia. O discípulo Mateus era um desses publicanos; ele coletava pedágio na estrada entre Damasco e Aco; sua tenda estava localizada fora da cidade de Cafarnaum, o que lhe dava a oportunidade de, também, cobrar impostos dos pescadores.

Normalmente um publicano cobrava 5% do preço da compra de artigos normais de comércio, e até 12,5% sobre artigos de luxo. Mateus cobrava impostos também dos pescadores que trabalhavam no Mar da Galileia e dos barqueiros que traziam suas mercadorias das cidades situadas no outro lado do lago. Os judeus consideravam impuro o dinheiro dos cobradores de impostos, por isso nunca pediam troco. Se um judeu não tinha a quantia exata que o coletor exigia, ele emprestava-o a um amigo. Os judeus desprezavam os publicanos como agentes do odiado Império romano e do rei títere judeu. Não era permitido aos publicanos prestar depoimento no tribunal, e não podiam pagar o dízimo de seu dinheiro ao templo. Um bom judeu não se associaria com publicanos[136].

Mas os judeus dividiam os cobradores de impostos em duas classes: a primeira era a dos *gabbai*, que lançavam impostos gerais sobre a agricultura e arrecadavam do povo impostos de recenseamento. O segundo grupo compunha-se dos *mokhsa*, judeus, daí serem eles desprezados como traidores do seu próprio povo. Mateus pertencia a esta classe.

---

136. Mateus 9:10-13.

O *Evangelho de Mateus* diz-nos que Jesus se aproximou deste improvável discípulo quando ele está sentado em sua coletoria. Jesus simplesmente ordenou a Mateus: "Segue-me!" Ele deixou o trabalho para seguir o Mestre[137]. Evidentemente, Mateus era um homem rico, porque ele deu um banquete em sua própria casa, na companhia de numerosos publicanos[138]. O simples fato de Mateus possuir casa própria indica que era mais rico do que o publicano típico. Por causa da natureza de seu trabalho, temos certeza que Mateus sabia ler e escrever. Os documentos de papiro, relacionados com impostos, datados de cerca de 100 d.C., indicam que os publicanos eram muito eficientes em matéria de cálculos. Mateus pode ter tido algum grau de parentesco com o discípulo Tiago, visto que se diz de cada um deles ser "filho de Alfeu"[139]. Às vezes Lucas usa o nome Levi para referir-se a Mateus[140]. Daí alguns estudiosos crerem que o nome de Mateus era Levi antes de se decidir a seguir a Jesus, e que Jesus lhe deu um novo nome, que significa "dádiva de Deus". Outros sugerem que Mateus era membro da tribo sacerdotal de Levi. De todos os evangelhos, o de Mateus tem sido, provavelmente, o de maior influência. A literatura cristã do segundo século faz mais citações do *Evangelho de Mateus* do que de qualquer outro. Os pais da igreja colocaram o *Evangelho de Mateus* no começo do cânon do *Novo Testamento* provavelmente por

---

137. Mateus 9:9.
138. Lucas 5:29.
139. Mateus 10:3; Marcos 2:14.
140. Lucas 5:27-29.

causa do significado que lhe atribuíam. O relato de Mateus destaca Jesus como o cumprimento das profecias do *Antigo Testamento*. Acentua que Jesus era o Messias prometido. Não sabemos o que aconteceu com Mateus depois do Dia de Pentecostes. Uma informação fornecida por John Foxe[141] declara que ele passou seus últimos anos pregando na Pártia e na Etiópia, e que foi martirizado na cidade Nadabá em 60 d.C. Não podemos julgar se esta informação é digna de confiança.

**Filipe** – O *Evangelho de João* é o único a dar-nos qualquer informação pormenorizada acerca do discípulo chamado Filipe. Jesus encontrou-se com ele pela primeira vez em Betânia, do outro lado do Jordão[142]. É interessante notar que Jesus chamou a Filipe individualmente enquanto chamou a maioria dos outros em pares. Filipe apresentou Natanael a Jesus[143], e Jesus também chamou a Natanael (ou Bartolomeu) para segui-lo. Numa ocasião, um grupo de gregos dirigiu-se a Filipe e pediu-lhe que o apresentasse a Jesus. Filipe solicitou a ajuda de André, e juntos levaram os homens para conhecê-lo[144]. Enquanto os discípulos tomavam a última refeição com Jesus, Filipe pediu que Jesus lhes mostrasse o Pai[145]. Jesus respondeu que nele eles já tinham visto o Pai. Esses

---

141. John Foxe foi um puritano protestante, martirologista inglês, o autor do que é popularmente conhecido como O Livro dos Mártires, que narra a história de sofrimento e perseguição dos principais mártires cristãos, começando por Jesus Cristo e até o final do reinado de Maria I.

142. João 1:28.

143. João 1:45-51.

144. João 12:20-22.

145. João 14:8.

três breves lampejos são tudo o que vemos acerca de Filipe. A Igreja tem preservado muitas tradições a respeito de seu último ministério e morte. Segundo algumas delas, ele pregou na França; outras dizem que ele pregou no Sul da Rússia, na Ásia Menor, ou até na Índia. Nada de concreto, portanto.

**Simão Pedro** – Era um homem de contrastes. Em Cesareia de Filipe, Jesus perguntou quem eles achavam que ele era e de imediato responderam que Jesus era o Cristo, o filho do Deus vivo[146]. Alguns versículos adiante, lemos Pedro reprovando-o. Era característico de Pedro passar de um extremo ao outro. Ao tentar Jesus lavar os pés de Pedro, no cenáculo, o imoderado discípulo exclamou que Jesus nunca iria lavar seus pés. Jesus, porém, insistiu. E Pedro solicitou que lhe lavasse não somente os pés, mas também as mãos e a cabeça[147]. Na última noite que passaram juntos, ele disse a Jesus que jamais se escandalizaria[148]; entretanto, dentro de poucas horas, ele não somente negou a Jesus, mas praguejou[149]. Este temperamento volátil, imprevisível, muitas vezes deixou Pedro em dificuldades. Mas, o "Espírito Santo" o moldaria num líder, dinâmico, da Igreja primitiva, um homem-rocha (*Pedro* significa rocha) em todo o sentido.

Os escritores do *Novo Testamento* usaram quatro nomes diferentes com referência a Pedro. Um é o nome he-

---

146. Mateus 16:15-16.
147. João 13:8-9.
148. Marcos 14:29.
149. Marcos 14:71.

braico *Simeon*[150], que pode significar "ouvir". O segundo era *Simão*, a forma grega de *Simeon*. O terceiro nome era *Cefas*, palavra aramaica que significa rocha. O quarto nome era *Pedro*, palavra grega que significa pedra ou rocha; os escritores do *Novo Testamento* se referem ao discípulo com estes nomes mais vezes do que os outros três. Quando Jesus encontrou este homem pela primeira vez, ele disse: "Tu és Simão, o filho de João; tu serás chamado Cefas"[151]. Pedro e seu irmão André eram pescadores no Mar da Galileia[152]. Ele falava com sotaque galileu, e seus maneirismos identificavam-no como um nativo inculto da fronteira da Galileia[153]. Foi levado a Jesus pelo seu irmão André[154].

Enquanto Jesus pendia na cruz, Pedro estava provavelmente entre o grupo da Galileia que "permaneceram a contemplar de longe estas coisas"[155]. Ele escreveu[156]: "...eu, presbítero como eles, e testemunha dos sofrimentos de Cristo...". Pedro encabeça a lista dos apóstolos em cada um dos relatos dos evangelhos, o que sugere que os escritores do *Novo Testamento* o consideravam o mais importante dos 12 apóstolos. Ele não escreveu tanto como João ou Mateus, mas emergiu como o líder mais influente da Igreja primitiva. Embora 120 seguidores de Jesus tenham recebido o "Espírito Santo" no Dia

---

150. Atos 15:14.
151. João 1:42.
152. Mateus 4:18; Marcos 1:16.
153. Marcos 14:70.
154. João 1:40-42.
155. Lucas 23:49.
156. 1 Pedro 5:1.

do Pentecoste, a *Bíblia* registra as palavras de Pedro[157]. Ele sugeriu que os apóstolos procurassem um substituto para Judas Iscariotes[158]. Ele e João foram os primeiros a realizar um milagre depois do Pentecoste, curando um paralítico na Porta Formosa[159]. O livro de *Atos* acentua as viagens de Paulo, mas Pedro também viajou extensamente. Ele visitou Antioquia[160], Corinto[161] e Roma.

Pedro sentiu-se livre para servir aos gentios[162], mas ele é mais bem conhecido como o apóstolo dos judeus[163]. À medida que Paulo assumia um papel mais ativo na obra da Igreja e à medida que os judeus se tornavam mais hostis ao cristianismo, Pedro foi relegado a segundo plano na narrativa do *Novo Testamento*.

A tradição diz que a Basílica de São Pedro em Roma está edificada sobre o local onde ele foi sepultado. Escavações modernas sob a antiga igreja exibem um cemitério romano muito antigo e alguns túmulos usados apressadamente para sepultamentos cristãos. Uma leitura cuidadosa dos evangelhos e do primitivo segmento de *Atos* tenderia a apoiar a tradição de que Pedro foi figura preeminente da igreja primitiva.

A Igreja Católica considera Pedro como o primeiro bispo de Roma e, por isso, o seu primeiro papa. Ele seria, até hoje segundo o catolicismo, o detentor do mais lon-

---

157. Atos 2:14-40.
158. Atos 1:22.
159. Atos 3:1-11.
160. Gálatas 2:11.
161. 2 Coríntios 1:12.
162. Atos 10.
163. Gálatas 2:8.

go pontificado da história: cerca de 37 anos. Finalmente tendo ido para Roma, lá foi crucificado de cabeça para baixo[164].

**Simão Zelote** – Mateus refere-se a um discípulo chamado Simão, o Cananeu, enquanto Lucas e o livro de *Atos* referem-se a Simão, o Zelote. Esses nomes referem-se à mesma pessoa. Zelote é uma palavra grega que significa "zeloso"; cananeu é transliteração da palavra aramaica *kanna'ah*, que também significa "zeloso"; parece, pois, que este discípulo pertencia à seita judaica conhecida como a dos zelotes. A *Bíblia* não indica quando Simão foi convidado para unir-se aos apóstolos. Diz a tradição que Jesus o chamou ao mesmo tempo em que chamou André e Pedro, Tiago e João, Judas Iscariotes e Tadeu[165]. Simão também é citado como sendo um dos irmãos de Jesus[166]. Temos diversos relatos conflitantes acerca do ministério posterior deste homem e não é possível chegar a uma conclusão.

**Tomé** – O *Evangelho de João* dá-nos um quadro mais completo do discípulo chamado Tomé do que o que recebemos dos sinóticos ou do livro de *Atos*. João diz-nos que ele também era chamado Dídimo[167]. A palavra grega para "gêmeos" assim como a palavra hebraica *t'hom* significa gêmeo. A Vulgata Latina empregava *Dídimo* como nome próprio. Não sabemos quem pode ter sido Tomé,

---

164. Orígenes, +253, conforme fragmento conservado na "História Eclesiástica" de Eusébio, III, 1.
165. Mateus 4:18-22.
166. Mateus 13:55.
167. João 20:24.

nem sabemos coisa alguma a respeito do passado de sua família ou de como ele foi convidado para unir-se ao Senhor. Sabemos, contudo, que ele se juntou a seis outros discípulos que voltaram aos barcos de pesca depois que Jesus foi crucificado.[168] Isso sugere que ele pode ter aprendido a profissão de pescador quando jovem. Diz a tradição que Tomé finalmente tornou-se missionário na Índia. Afirma-se que ele foi martirizado ali e sepultado em Mylapore, hoje subúrbio de Madrasta. Seu nome é lembrado pelo próprio título da igreja Martoma ou Mestre Tomé.

**Matias** – Substituto de Judas Iscariotes. Após a morte de Judas, Pedro propôs que os discípulos escolhessem alguém para substituir o traidor. O discurso de Pedro esboçava certas qualificações para o novo apóstolo[169]. O apóstolo tinha de conhecer a Jesus "começando no batismo de João, até ao dia em que dentre nós foi levado às alturas". Tinha de ser também "testemunha conosco de sua ressurreição"[170]. Os apóstolos encontraram dois homens que satisfaziam as qualificações: José, cognominado Justo, e Matias[171]. Lançaram sortes para decidir a questão, e a sorte recaiu sobre Matias. O nome Matias é uma variante do hebraico *Matatias*, que significa "dom de Deus". Infelizmente, a *Bíblia* nada diz a respeito do ministério de Matias.

---

168. João 21:2-3.
169. Atos 1:15-22.
170. Atos 1:22.
171. Atos 1:23.

# Maria Madalena

Lucas diz-nos que, entre as mulheres que seguiam Jesus e o assistiam com seus bens, estava Maria Madalena[172], ou seja, uma mulher chamada Maria, que era originária de Migdal Nunayah, *Tariquea*, em grego, uma pequena povoação junto ao lago da Galileia, a 5,5km ao norte de Tiberíades. Dela Jesus havia expulsado sete demônios[173], o que equivale dizer "todos os demônios". A expressão pode ser entendida tanto como uma possessão diabólica ou doença do espírito (a clássica *obsessão* no linguajar espírita) quanto como uma enfermidade do corpo. Os evangelhos sinóticos a mencionam como a primeira de um grupo de mulheres que contemplou, de longe, a crucificação de Jesus[174] e que permaneceu sentada em frente ao sepulcro[175], enquanto sepultavam Jesus[176]. Assinalam que, na madrugada do dia depois do

---

172. Lucas 8:2.
173. Lucas 8:2; Marcos 16:9.
174. Marcos 15:40-41.
175. Mateus 27:61.
176. Marcos 15:47.

sábado, Maria Madalena e outras mulheres voltaram ao sepulcro para ungir o corpo com os perfumes que haviam comprado[177]; é então que um anjo lhes comunica que Jesus havia ressuscitado e as encarrega de levarem a notícia aos discípulos[178]. João apresenta os mesmos fatos com pequenas variações. Maria Madalena está junto à Virgem Maria ao pé da cruz[179].

Depois do sábado, quando ainda era noite, ela se aproxima do sepulcro, vê a pedra afastada e avisa Pedro, pensando que alguém tinha roubado o corpo de Jesus[180]. Voltando ao sepulcro, enquanto chora, encontra-se com Jesus ressuscitado, que a encarrega de anunciar aos discípulos a sua volta ao Pai[181].

Maria Madalena foi identificada frequentemente com outras mulheres que aparecem nos evangelhos. Na Igreja Latina, a partir dos séculos VI e VII, houve a tendência de identificar Maria Madalena com a mulher pecadora que, na casa de Simão, o fariseu, ungiu os pés de Jesus com suas lágrimas[182]. Por outro lado, alguns padres e escritores eclesiásticos, harmonizando os evangelhos, já haviam identificado esta mulher pecadora com Maria, irmã de Lázaro, que em Betânia unge com um perfume a cabeça de Jesus[183]; Mateus e Marcos, no trecho correspondente, não mencionam o nome de Maria,

---

177. Marcos 16:1-7.
178. Marcos 16, 1-7.
179. João 19:25.
180. João 20:1-2.
181. João 20:11-18.
182. Lucas 7:36-50.
183. João 12:1-11.

apenas dizendo tratar-se de uma mulher e que a unção ocorreu na casa de Simão, o leproso[184]. Em consequência disso, no Ocidente, devido principalmente ao São Gregório, generalizou-se a ideia de que as três mulheres eram uma só pessoa.

Mas os dados evangélicos sugerem apenas que se deve identificar Maria Madalena com a Maria que unge Jesus em Betânia, pois presumivelmente é a irmã de Lázaro[185]. Os evangelhos também não permitem deduzir que seja ela a mesma pecadora que ungiu Jesus[186], embora a identificação seja compreensível pelo fato de Lucas, imediatamente depois do relato em que Jesus perdoa esta mulher, mencionar que algumas mulheres o ajudavam, entre elas Maria Madalena, de quem ele havia expulsado sete demônios[187]. Além disso, Jesus elogia o amor da mulher pecadora: muitos pecados lhe são perdoados porque muito amou[188] e também se percebe um grande amor no encontro entre Maria e Jesus depois da Ressurreição[189]. Em todo caso, mesmo em se tratando da mesma mulher, seu passado de pecados não é um desdouro. Pedro foi infiel a Jesus, e Paulo um perseguidor dos cristãos. A grandeza deles não está na sua imunidade ao pecado, mas no seu amor.

De qualquer forma Lucas narra Maria Madalena

---

184. Mateus 26:6-13.
185. João 12:2-3.
186. Lucas 7:36-49.
187. Lucas 8:2.
188. Lucas 7:47.
189. João 20:14-18.

como uma mulher de posses[190], uma das financiadoras de Jesus e seus apóstolos, e, ao invés do que prega o senso comum, nunca foi identificada como cortesã, mas apenas como obsidiada. No início, a Igreja reconhecia sua santidade. Maria Madalena era chamada de "apóstola dos apóstolos", justamente por ter sido a primeira a atestar a ressurreição de Cristo – o primeiro registro desta definição é atribuído ao teólogo Hipólito de Roma (170-236).

Deixada meio de lado quando a Igreja Católica se tornou oficial do Império Romano – o que aconteceu no ano 380 –, Maria Madalena acabou relembrada de um jeito meio torto. Em uma tentativa de tentar convencer os fiéis de que o arrependimento sincero bastaria para um perdão de Deus, o papa Gregório Magno (540-604) começou a propagar, em sermões, que algumas passagens da *Bíblia* se referindo a mulheres pecadoras – anônimas – estavam, na verdade, tratando de Madalena.

Apesar disso, entre as obras recebidas pelo médium Francisco Cândido Xavier, destaca-se uma em especial[191] que trata desse assunto, onde o espírito Humberto de Campos narra que Maria de Magdala "vivia entregue a prazeres, em companhia de patrícios romanos [...] sobre as rosas rubras do desejo, embriagando-se com o vinho de condenáveis alegrias".

Quanto ao fim de sua vida, existem muitas histórias. Uma tradição do Oriente diz que ela foi enterrada em

190. Lucas 8:1-3.
191. *Boa Nova*, de Humberto de Campos, psicografado por Francisco Cândido Xavier, Cap. Maria de Magdala.

Éfeso e que suas relíquias foram levadas para Constantinopla no século IX. A partir do século X surgem narrações fictícias que elogiam sua pessoa e que se difundem principalmente na França. É aí que nasce a lenda, que não tem nenhum fundamento histórico, de que Madalena, Lázaro e outros mais foram de Jerusalém a Marselha, quando teve início a perseguição contra os cristãos, e evangelizaram a Provença. Segundo esta lenda, Maria morreu em Aix-en-Provence ou Saint Maximin e suas relíquias foram levadas a Vezelay[192].

Humberto de Campos narra que, na cidade de Dalmanuta, Maria Madalena, solitária, encontrara um grupo de leprosos vindos da Indumeia em busca de Jesus, acreditando ainda estar vivo. Maria junta-se a eles, em auxílio, contraindo a doença tempos depois, que a leva à morte[193], em momento sublime onde ela é recebida por Jesus no plano espiritual.

192. V. SAXER. *Maria Magdalena*. Biblioteca Sanctorum VIII. Roma, 1966, 1078-1104. M. FRENSCHKOWSKI. *Maria Magdalena*, in Biographisch--Bibliographischen Kirchenlexikons.

193. *Boa Nova*, de Humberto de Campos, psicografado por Francisco Cândido Xavier, cap. Maria de Magdala.

# OS CONFLITOS

JESUS VISITAVA A sinagoga da aldeia para pregar sua mensagem para o povo de Cafarnaum. Os evangelhos dizem que aqueles que o ouviam se admiravam com sua palavra carismática, com autoridade, diferente da dos escribas[194]. Embora ainda não fugisse muito do conteúdo anunciado por João Batista, solicitando que todos se arrependessem e anunciando a proximidade do Reino dos Céus[195].

No entanto, existia, quanto à forma, uma grande diferença entre João Batista, que provavelmente foi criado em uma família de sacerdotes de Judá, e Jesus, que era um camponês. São grandes as chances de Jesus ter falado como um camponês. Ele pregava em aramaico, a língua comum. Sua autoridade não era a dos estudiosos teóricos e da aristocracia sacerdotal, cuja autoridade vinha da erudição e da ligação com o Templo. A autoridade de Jesus vinha diretamente de Deus.

---

194. Mateus 7:28; Marcos 1:22; Lucas 4:31.
195. Mateus 4:17.

De fato, a partir do momento em que entrou na sinagoga naquela pequena aldeia costeira, Jesus acabou por colocar-se em oposição direta aos guardiões do Templo e ao culto judaico, desafiando a autoridade deles como representantes de Deus na Terra. Embora os evangelhos retratem Jesus em situações conflituosas com alguns grupos judaicos, genericamente chamados de sacerdotes, anciãos, escribas e fariseus, esses grupos eram bem distintos na Palestina do século I, e Jesus tinha relações diferentes com cada um deles.

Os evangelhos tendem a pôr os fariseus como os principais detratores de Jesus, mas o fato é que sua relação com eles, embora ocasionalmente irritadiça, era, na maior parte, bastante civilizada e, às vezes, até mesmo amigável. Foi um fariseu que advertiu Jesus de que sua vida estava em perigo[196]; foi um fariseu que ajudou a sepultá-lo depois de sua execução[197]; um fariseu que salvou a vida de seus discípulos, depois que ele subiu ao céu[198]. Jesus jantou com fariseus, debateu com eles, viveu entre eles – alguns fariseus estavam mesmo presentes entre os seus seguidores.

Em contraste, o punhado de encontros que Jesus teve com a nobreza sacerdotal e a educada elite de escribas que a representa é sempre retratado pelos evangelhos sob certa hostilidade. Quando Jesus disse que "transformaram a casa de meu Pai em um covil de ladrões", não era apenas aos comerciantes e cambistas que estava se

---

196. Lucas 13:31.
197. João 19:39-40.
198. Atos 5:34.

dirigindo. Quando passou irresoluto pelo pátio do Templo, derrubando mesas e abrindo jaulas, estava desafiando, principalmente, a quem autorizava esse tipo de comércio e mais lucrava com essa atividade no Templo.

Mas, sem sombra de dúvida, o principal antagonista de Jesus nos evangelhos não é nem o imperador distante, em Roma, nem seus funcionários romanos na Judeia. É o sumo sacerdote Caifás que vai se tornar o principal instigador da conspiração para executar Jesus, precisamente por causa da ameaça que ele representava à autoridade do Templo[199].

À medida que o ministério de Jesus se expandia, tornando-se cada vez mais urgente e de oposição, suas palavras e ações refletiam um profundo antagonismo em relação às condutas do sumo sacerdote e da instituição religiosa judaica[200].

As parábolas de Jesus, especialmente, estavam cheias dos mesmos sentimentos anticlericais que moldaram a política e a fé da Galileia, e que se tornariam a marca registrada de seu ministério. Consideremos a famosa parábola do Bom Samaritano:

> Um homem descia de Jerusalém para Jericó. Ele caiu nas mãos de salteadores que o despojaram de suas roupas e espancaram-no, deixando-o meio morto. Por acaso, um sacerdote veio por esse caminho, e, quando viu o homem, passou pelo outro lado.

---

199. Marcos 14:1-2; Mateus 26:57-66; João 11:49-50.
200. Marcos 12:38-40.

Um levita (sacerdote) também passou por aquele lugar, e, vendo o homem, também passou do outro lado. Mas um samaritano em viagem passou por onde o homem estava e, quando o viu, teve compaixão. Foi até ele e enfaixou suas feridas, derramando óleo e vinho sobre elas. Colocou o homem sobre seu próprio animal, levou-o para uma estalagem e cuidou dele. No dia seguinte, deu dois denários ao hospedeiro e dizendo que cuidasse dele, pois, quando voltasse, pagaria outras despesas que ainda houvesse[201].

Certamente, na interpretação dessa parábola, há um sentido maior sobre a importância de ajudar as pessoas em dificuldades, independentemente de crença ou religião. Mas, para o público reunido aos pés de Jesus, há 2 mil anos, a parábola, inegavelmente, teve mais um significado, ligado à baixeza moral dos dois sacerdotes.

Os judeus consideravam os samaritanos como pessoas impuras na Palestina, pois haviam rejeitado a posição do Templo de Jerusalém como o único lugar legítimo de culto. Em vez disso, eles adoravam o Deus de Israel em seu próprio templo no Monte Gerizim, na margem ocidental do Rio Jordão. Para os ouvintes que se identificavam com o homem meio morto deixado na estrada, a lição da parábola era evidente: o samaritano, apesar de negar a autoridade do Templo, saiu do seu caminho para cumprir o mandamento do Senhor: "Ama-

---

201. Lucas 10:30-37.

rás o teu próximo como a ti mesmo". Já os sacerdotes, que obtêm sua riqueza e autoridade de sua relação com o Templo, ignoram o mandamento completamente, por medo de profanar sua pureza ritual e pôr assim, em risco, essa relação.

Pelo visto, não é só nos dias atuais que declarações interpretadas como críticas ou polêmicas chamam a atenção. Quase de imediato, grandes multidões começaram a se reunir em torno de Jesus. Alguns reconheceram nele o menino nascido em Nazaré de uma família de carpinteiros. Outros ouviram falar do poder de suas palavras e vieram para ouvi-lo pregar por curiosidade.

# O DIVISOR DE ÁGUAS

AINDA ASSIM, NAQUELE momento, a reputação de Jesus estava limitada ao longo das margens de Cafarnaum. Fora dessa vila de pescadores, ninguém tinha ainda ouvido falar do carismático pregador galileu – nem Antipas, em Tiberíades; nem Caifás, em Jerusalém.

Mas, então, aconteceu algo que mudou tudo. Enquanto estava na sinagoga de Cafarnaum, falando sobre o Reino de Deus, Jesus foi subitamente interrompido por um homem que os evangelhos descrevem como tendo "um espírito sujo", que perguntou: "O que temos a tratar contigo, Jesus?" (Vê-se que não era o homem que falava, mas uma legião de espíritos). E, chamando-o "santo de Deus", acrescentou: "Acaso estás aqui para nos destruir?". Jesus, dirigindo-se aos espíritos que assediavam o homem, interrompe-os de uma só vez, exigindo silêncio, e que saíssem daquele corpo. O homem imediatamente despencou no chão, contorcendo-se em convulsões. Um grande grito saiu de sua boca. E ele ficou imóvel. Todos na sinagoga ficaram surpresos com a autoridade com que ordenava aos espíritos e estes lhe obedeciam[202].

Depois disso, a fama de Jesus extrapolou os limites de Cafarnaum. Notícias do pregador itinerante se espalharam por toda a região, em toda a Galileia. Em cada cidade e aldeia por onde Jesus passava, as multidões cresciam, reunindo pessoas dos lugares próximos, interessadas não tanto em sua mensagem, mas principalmente em ver as obras maravilhosas de que tinham ouvido falar.

Daí em diante a figura de Jesus assumiu diferentes – e polêmicas – facetas: os discípulos e um grande número de judeus que o acompanharam ou foram por ele curados reconheceram Jesus como o Messias prometido e herdeiro do reino de Davi; os romanos, viram nele um falso pretendente ao cargo de rei dos judeus; os escribas e sacerdotes do Templo consideraram-no uma ameaça blasfema ao controle do culto judaico e, talvez, para a maior parte dos judeus na Palestina, um pretensioso "milagreiro" viajante ou um "exorcista" profissional rodando pela Galileia e realizando truques.

---

202. Marcos 1:23-28.

# Milagres

Na Palestina do século I existia um tipo de vocação profissional bem estabelecida, como um carpinteiro ou pedreiro, mas que proporcionava melhores ganhos: o "milagreiro".

Na Galileia, especialmente, havia muitos curandeiros carismáticos que afirmavam poder direcionar o poder divino, cobrando um valor por seus préstimos. No entanto, sem noção da real identidade de Jesus como o Cristo, frente a outros "concorrentes" que pareciam ofertar coisas semelhantes, o diferencial de Jesus de seus companheiros é que eles prestavam serviços de cura de forma gratuita.

Aquele primeiro "exorcismo" na sinagoga de Cafarnaum pode ter chocado os rabinos e os anciãos, que viram nele uma novidade – os evangelhos dizem que uma enorme quantidade de escribas começou a descer para a cidade logo depois, para verem por si mesmos aquele simples camponês desafiando sua autoridade.

Mas, para o povo de Cafarnaum, não importava muito de onde vinha a cura; o mais importante era o custo. Em determinado momento Jesus e seus companheiros se abrigaram na casa dos irmãos Simão e André, onde a sogra de Simão estava deitada na cama, com febre. Quando os irmãos contaram a Jesus sobre a doença, ele foi até a mulher, pegou sua mão e imediatamente ela foi curada.[203] Na mesma noite, uma grande multidão reuniu-se diante da casa de Simão, levando consigo coxos, aleijados, leprosos e aqueles possuídos por demônios[204].

Na manhã seguinte, a multidão de doentes e enfermos havia crescido ainda mais. Se não escapasse às multidões, sua palavra não poderia seguir e se difundir. Jesus então decidiu deixar Cafarnaum por alguns dias. "Vamos às aldeias vizinhas para que eu possa proclamar minha mensagem lá também"[205]. Mas a notícia do "milagreiro" itinerante já havia atingido as cidades vizinhas. Em todos os lugares onde Jesus esteve – Betsaida, Gerasa, Jericó –, os cegos, os surdos, os mudos e os paralíticos afluíam a ele. E Jesus curava a todos.

Quando ele voltou a Cafarnaum, alguns dias depois, havia tantas pessoas amontoadas na porta de Simão, que um grupo de homens teve que fazer um buraco no teto para poder descer por ali seu amigo paralítico para que Jesus o curasse.

E, apesar de não haver nenhuma evidência científica, arqueológica ou, digamos, material, que comprove qualquer ação milagrosa específica de Jesus, Allan Kar-

---

203. Mateus 8:14-15, Marcos 1:29-31 e Lucas 4:38-39.
204. Mateus 8:16-17, Marcos 1:32-34 e Lucas 4:40-41.
205. Marcos 1:38.

dec soube defender os fenômenos operados por Jesus sob o ponto de vista da ciência espírita.

Os fatos que os evangelhos relatam e que estão catalogados como milagrosos foram classificados pelo codificador como fenômenos psíquicos, isto é, que têm origem em faculdades do espírito, revelando-se como capacidades do próprio ser. Tanto que Kardec pôde reproduzi-los, quando necessário, utilizando-se de indivíduos que nada tinham de excepcionais. Assim, chegou-se à conclusão de que a reprodução de um fenômeno, em condições idênticas, é suficientemente bastante para provar que ele é possível, se achando, então, submetido a uma lei científica e não sendo, portanto, miraculoso ou excepcional.

Allan Kardec descobriu que a base de todos os fenômenos era o fluido perispiritual, um agente magnético e verdadeira força ativa da natureza capaz de exercer ação sobre o fluido cósmico universal[206]. A qualidade dos fluidos de seu organismo superior, combinados com uma força de vontade incomparável e o incessante desejo de fazer o bem, permitia a Jesus magnetizar os fluidos ambientes e também o fluido perispiritual dos corpos alheios, operando prodígios. Uma combinação

---

206. Entendemos perfeitamente a importância de trazermos esclarecimentos mais detalhados sobre a questão dos fluidos, devido à complexidade do tema. No entanto, tais explanações poderiam fugir ao objetivo desta obra. Sugerimos ao estudante espírita buscar mais referências sobre o assunto na obra *A Gênese*, de Allan Kardec, Cap. 14. **Que se consulte, porém, uma tradução fiel à 1ª, 2ª, 3ª ou 4ª edição, que são idênticas entre si e correspondem à obra original de Allan Kardec, conforme depósito no Arquivo Nacional de França. Nota do Revisor.**

sem igual, segundo Kardec, devido à natureza superior do Cristo.

Allan Kardec explorou os fenômenos mediúnicos descrevendo-os com detalhes na obra *O Livro dos Médiuns*, onde encontraremos muitas experiências e relatos que se encaixam nas descrições registradas nos evangelhos.

No entanto, o codificador observa que os prodígios realizados por Jesus puderam ser vistos e reproduzidos em menor escala e em ambiente controlado, utilizando-se de médiuns específicos para cada fenômeno – não encontrando um apenas que pudesse realizar todos –, combinando-se os fluidos perispirituais dos médiuns com os fluidos de espíritos, que os auxiliavam na realização dos experimentos.

Jesus, devido à sua superioridade, não precisou utilizar-se de espíritos, pois não havia aqueles dotados de fluidos tão puros assim. Kardec considera Jesus um magnetizador de fluidos, operando neles diretamente, enquanto nós precisamos de mediunidades específicas e atuar com o auxílio de inteligências desencarnadas para operar prodígios quando possível, que, por melhor que sejam, são apenas uma pálida sombra se comparados aos realizados por Jesus.

E nesse ponto, o espiritismo trouxe à humanidade uma nova forma de interpretar o exemplo do Cristo. João registrou que "Deus é a Palavra, e ele se tornou num homem"[207], para descrever Jesus e também que Je-

---

207. João 1:1-14.

sus e Deus eram um só[208], e essas afirmativas vêm desdobrando-se até hoje em inúmeras discussões sobre as origens do Cristo. A figura de Jesus foi confundindo-se cada vez mais com a figura de Deus e, por mais que isso engrandeça a pessoa de Jesus frente à humanidade, causa, fatalmente, um certo distanciamento entre ele e os fiéis cristãos, num abismo quase insuperável.

Com o passar dos séculos, certas palavras ditas pelo Cristo, como "vós sois deuses"[209] ou "podereis fazer o que faço e muito mais"[210], ficaram um pouco perdidas e não houve entre os cristãos uma empatia com Jesus a ponto de entender-se que poderiam, por sua própria conta, empreender fenômenos de cura e outros tantos que os evangelhos mencionam, mesmo tendo os próprios apóstolos empreendido muitas curas e fenômenos diversos. E se um cristão fosse capaz de curar outrem ou mesmo a si próprio, isso era pura e simplesmente por intermédio do poder e vontade de Jesus/Deus.

No cerne de muitas igrejas católicas e protestantes, a vida de Jesus ainda é considerada uma excelente referência de como o poder de Deus e a fé são capazes de exercer transformações profundas na vida do ser humano, mas não como um modelo referencial de como nós podemos ascender a uma condição superior. Existe um certo consenso entre católicos e protestantes de que Jesus foi meio-homem, meio-Deus.

---

208. João 10:30-33.
209. Frase dita por Jesus em João 10:34, mas que, na verdade, é uma citação do Salmo 82.
210. João 14:12.

Mas a força da mensagem libertadora do Cristo está justamente no fato de que, em teoria, poderemos todos nos tornar futuros "Cristos", se assim o desejarmos e nos esforçarmos por isso. É essa a verdade libertadora que, por meio da codificação, ficou muito clara a todos os espíritas, sobretudo após as pesquisas de Allan Kardec confirmarem que os fenômenos empreendidos por Jesus podiam ser reproduzidos através da mediunidade e como resultado de uma extraordinária força de vontade atuando diretamente no fluido cósmico universal.

O espiritismo trouxe Jesus para perto do homem, como nenhuma outra religião foi capaz de fazer. Após o advento do Espírito de Verdade, Jesus tornou-se um grande irmão "mais velho" que veio nos ensinar, com exemplos, como desenvolver nossas potencialidades.

Essa visão espírita de Jesus torna-o uma figura muito mais instigante e faz o Evangelho parecer uma obra ainda mais autêntica e menos fantasiosa. Coube à ciência espírita demonstrar que um anjo anunciando a concepção de Maria, surdos voltando a ouvir, homens andando sobre as águas e mortos levantando-se dos túmulos, são acontecimentos, para dizer o mínimo, triviais, e que nada há de extraordinário neles. Daí, portanto, sua óbvia veracidade.

# Uma visão especial

São muitas as narrativas que os evangelhos apresentam sobre as potencialidades apresentadas por Jesus. Mateus narra que a caminho de Nazaré, próximo ao Monte das Oliveiras, Jesus mandou dois discípulos buscarem uma jumenta e um jumentinho amarrados na aldeia de Betfagé, que estava à frente do grupo[211].

Como poderia Jesus ter conhecimento dos animais sem tê-los visto ou sem ninguém ter lhe contado? Uma faculdade espiritual, conhecida como dupla vista[212], dá ao ser encarnado a capacidade de ver além dos "olhos materiais" através da percepção própria do espírito, muito mais abrangente.

De forma semelhante, Jesus, no Getsêmani, sabia que havia chegado o seu traidor, antes que houvesse qualquer indício de tal ato, e foi justamente o momento em que Judas aproximou-se e deu lhe um beijo no rosto[213].

No episódio conhecido como "pesca milagrosa", Lu-

---

211. Mateus 21:1-7.
212. Questões 447 a 545 de *O Livro dos Espíritos*, de Allan Kardec.
213. Mateus 26:46-50.

cas narra que às margens do Lago de Genesaré, cercado por uma multidão, Jesus pediu a Simão que lançasse as redes ao mar. Relutante, o discípulo tentou argumentar, sob a justificativa de ele já havia tentado pescar durante toda a noite, sem sucesso, mas obedeceu. O resultado foi que as redes se encheram tanto de peixes, que foi preciso pedir ajuda para retirá-las da água[214]. Só mesmo por contar com essa faculdade (dupla vista) Jesus saberia onde estariam os peixes.

Da mesma forma, como poderia Jesus convocar aqueles homens, que depois viriam se tornar seus discípulos e seguidores[215], se não os conhecesse de antemão, na intimidade do ser? Pois Jesus tinha certeza de que aqueles homens seriam seus seguidores fiéis.

O estudo do fenômeno da dupla vista mostra que não há nada de surpreendente em nenhum desses feitos, mas sim de que se trata de uma faculdade que Jesus dispunha naturalmente, em grau elevado, devido à grandeza de seu espírito, permitindo-lhe não só ver o que estava em outro local, ou oculto sob o mar, mas também conhecer as disposições de cada um devido às irradiações fluídicas do pensamento de seus interlocutores.

---

214. Lucas 5:1-7.
215. Mateus 4:18-22.

# Curas reais

Mas inegavelmente, de todos os fenômenos empreendidos por Jesus, os de cura estão entre os mais marcantes e que geraram grande repercussão em sua biografia.

Marcos narra que uma mulher sofria havia doze anos com uma hemorragia persistente e se curou imediatamente após tocar as vestes de Jesus[216], no que ele reconheceu que de si havia saído "virtude". A ciência espírita há muito já desvendou esta questão, e atualmente sabemos que Jesus referiu-se à irradiação fluídica que se desprendera de seu organismo – sempre disposto a doar – para o da mulher hemorrágica – disposta a receber. Tais fluidos, imantados pela fé da enferma, foram capazes de curá-la.

Em escala muito menor, devido às limitações naturais que possuímos, mas que Jesus não possuía, vemos esse mesmo fenômeno ser reproduzido na atualidade mediante o já conhecido passe magnético, ofertado abundantemente nas casas espíritas. Outras vertentes

---

216. Marcos 5:25-34.

utilizam-se da mesma terapêutica, mas com técnica modificada e sob outras denominações, como o *reiki*, terapia alternativa japonesa que consiste na transferência de energia vital do Universo (*ki*) por meio da imposição de mãos.

E, nesse sentido, podemos entender melhor, então, como as curas empreendidas por Jesus puderam se multiplicar tão intensamente. Marcos conta que, em Betsaida, trouxeram um cego à presença de Jesus. Este, levando-o para fora da cidade, passou-lhe saliva nos olhos e impôs-lhe as mãos duas vezes, recuperando a visão do homem[217].

Fica muito claro nessa passagem que o efeito magnético que proporciona a cura nem sempre é instantâneo e que, por vezes, é gradual, pois, primeiramente é preciso imantar o corpo fluídico (perispírito) para que este opere transformações nas células físicas.

Em Cafarnaum levaram um paralítico até Jesus, que o curou imediatamente[218], após afirmar que seus pecados haviam sido redimidos. Entendemos, pelas palavras sábias do Cristo, que as enfermidades que abatiam aqueles sofredores que buscavam a cura eram fruto de equívocos cometidos em existências passadas. Assim, não há cura sem o término da expiação. É o motivo pelo qual Jesus afirma que, junto à cura, havia a remissão dos pecados, ou seja, a quitação dos débitos pretéritos.

Mas Jesus empreendeu bem mais do que curas físicas. A

---

217. Marcos 8:22-26.
218. Mateus 9:1-8.

prática chamada exorcismo por muitas crenças e desobsessão pela doutrina espírita é o afastamento de um ou mais espíritos desencarnados que exercem influência negativa sobre uma pessoa ou mesmo sobre um grupo de pessoas.

Lucas conta que todo sábado Jesus ensinava em uma sinagoga. Num desses dias, ele notou a mulher que andava curvada, possuída de um espírito que a punha doente havia dezoito anos. Chamando-a, ele a curou, e imediatamente a mulher se endireitou[219]. Se as pessoas pudessem ter visto o que acontecia, sob o ponto de vista espiritual, certamente teriam notado, com clareza, a autoridade do Cristo sobre as inteligências desencarnadas, incapazes de desobedecer à sua palavra superior.

Um caso interessante foi o de um garoto possesso, surdo e mudo, trazido pelo pai. O espírito obsessor fazia-o espumar e rilhar os dentes, por vezes lançando-o ora na água, ora no fogo, tentando matá-lo. Jesus respondeu-lhe que tudo era possível àquele que crê e ordenou ao espírito que saísse do menino. O espírito saiu com violência, causando convulsões no garoto que o deixaram à beira da morte[220]. Os discípulos haviam tentado auxiliar o garoto, mas, sem sucesso. Por isso, correram a Jesus para saber o que haviam feito de errado. Jesus os instruiu sobre a importância da prática do jejum e da oração. Posteriormente o espírito André Luiz exploraria a importância da alimentação frugal e da prece em favor da boa prática mediúnica, em suas obras[221].

---

219. Lucas 13:10-17.
220. Marcos 9:13-28.
221. *Missionários da luz*, de André Luiz, psicografado por Francisco Cân-

Hoje sabemos que muitas das curas bem-sucedidas, empreendidas nos centros espíritas, são possíveis, não só pela ação curativa dos fluidos, mas principalmente pelo afastamento das inteligências desencarnadas que assediam a pessoa enferma, comprometida com a melhoria espiritual.

Em outra ocasião Jesus curou um homem que era cego de nascença[222]. Os discípulos perguntaram quem teria pecado, o homem ou seus pais, para que nascesse assim – o que denota claramente que os judeus acreditavam nas vidas sucessivas, ou seja, em que alguém poderia ter pecado numa existência pregressa. Jesus respondeu que ele estava assim para que se pudesse operar nele o poder de Deus, ou seja, para que servisse de exemplo das curas que eram passíveis de serem realizadas. E realmente Jesus o curou, cuspindo no chão, fazendo lama com saliva e ungindo os olhos do homem.

Evidentemente aquela espécie de lama feita de saliva e terra nenhuma virtude podia encerrar, a não ser pela ação do fluido curativo de que fora impregnada pelo Cristo. É assim que as mais insignificantes substâncias, como a água, por exemplo, podem adquirir qualidades poderosas e efetivas, sob a ação do fluido espiritual ou magnético, ao qual elas servem de veículo, ou, se quiserem, de reservatório. A água fluidificada é uma terapêutica muito difundida nas casas espíritas,

---

dido Xavier, Cap. 3; e *Desobsessão*, de André Luiz, psicografado por Francisco Cândido Xavier e Waldo Vieira, Cap. 2.
222. João 9:1-41.

a qual, junto com o passe magnético, compõem a base da fluidoterapia.

Seria demasiado extenso abordar nestas páginas o caráter de todos os fenômenos realizados por Jesus, mesmo porque o codificador já dedica um amplo espaço a essa análise no capítulo 15 da obra *A Gênese*, publicada em 1868, leitura obrigatória a todo espírita, e que indicamos especialmente para quem desejar entender essas questões mais a fundo.

# EFEITOS DUVIDOSOS

RESGATANDO, NESSE MOMENTO, as afirmações que fizemos na presente obra em capítulos passados, sobre o fato de que não havia, por parte dos autores antigos – inclusive os evangelistas –, uma preocupação sistemática em registrar os acontecimentos como fatos históricos fidedignos, entre todos os fenômenos empreendidos pelo Cristo e registrados nos evangelhos, há dois que chamaram a atenção de Allan Kardec por sua discrepância com a realidade. Esses, o codificador, após pesquisas intensas e diálogo com os espíritos, afirma categoricamente que foram fruto de intervenção dos autores, que se utilizaram de alegorias e metáforas e que pouco têm de reais, devendo-nos ater ao seu sentido simbólico.

Um deles diz respeito ao caso que descrevemos no item anterior, o fenômeno divisor de águas na história de Jesus, quando ele encontra um obsidiado geraseno (de Gerasa), cujas entidades obsessoras se identificam como "legião"[223]. Na narrativa, Jesus as expulsa, lançando-as em uma manada de porcos, que se afogam no mar.

Do ponto de vista histórico e cultural, o povo judeu considerava a carne de porco como impura e não a consumiam; portanto, nada mais estranho do que haver um criador de porcos na região. É inverossímil. Portanto, deveremos nós nos ater ao significado simbólico da ação, já que os espíritos, tidos como impuros na narrativa, foram encaminhados para que possuíssem os porcos, animais considerados igualmente impuros.

Do ponto de vista espírita, a passagem é por si mesma bizarra, pois sabemos que os espíritos são as almas dos homens que viveram na Terra e que, portanto, não poderiam "entrar" ou "possuir" corpos de animais. Em tempos onde abundavam a ignorância e a superstição seria comum o mau entendimento ou o uso de alegorias para se explicar fatos que hoje seriam entendidos com muita naturalidade.

Hoje, graças aos estudos espíritas, sabemos que as obsessões individuais são muito frequentes e se apresentam com os mais diversos aspectos.

O outro improvável fenômeno aconteceu nas Bodas de Caná e que, na verdade, foi o primeiro "milagre" realizado por Jesus – misteriosamente registrado apenas por João. Basicamente é relatado pelo apóstolo que Jesus foi capaz de transformar água em vinho em uma festa de casamento.

Nada contra a possibilidade de que tal fenômeno

---

223. Marcos 5:1-20; Lucas 8:26-39.

pudesse ou não ter ocorrido, ainda mais quando sabemos o quanto a magnetização fluídica pode mudar as características da água, dando-lhe novas propriedades. No entanto, Allan Kardec faz uma análise peculiar desse fenômeno aparentemente tão "inocente". Considerando a elevada estatura moral do Cristo, será mesmo que utilizaria seus recursos de maneira tão vulgar, como um mágico em um espetáculo público?

# RESSURREIÇÕES?

UM FENÔMENO DEVERAS impressionante narrado em várias passagens, diz respeito às ressurreições que Jesus promoveu. São várias as passagens, das quais destacamos o episódio com a filha de Jairo[224], chefe da sinagoga, que se lançou aos pés do Cristo solicitando sua intervenção. Chegando à casa do homem com apenas três de seus discípulos, disse Jesus que ela estava apenas adormecida, embora estivessem todos chorando por luto. Pronunciando algumas palavras, fez com que a jovem de 12 anos se levantasse novamente.

Fato semelhante ocorrera em Naim, quando Jesus e seus discípulos passaram por um grupo de pessoas que iam enterrar um moço, filho único de uma viúva. Com piedade, Jesus ordenou ao morto que se levantasse, no que despertou, retornando para casa com a mãe[225].

Não podemos acreditar que Jesus tenha contrariado as leis da natureza, devolvendo vida a um corpo real-

---

224. Marcos 5:21-43.
225. Lucas 7:11-17.

mente morto. Em uma época onde a medicina ainda engatinhava, ignorando os fenômenos orgânicos mais simples, não seria de estranhar que pudesse haver confusão quanto a inúmeros diagnósticos.

Atualmente se tem conhecimento de vários distúrbios orgânicos nos quais a síncope, a letargia e a catalepsia estão entre os efeitos provocados. Nesses casos, o indivíduo pode permanecer inconsciente por longos períodos. Sem a devida análise profissional, podem ser confundidos com sinais de extinção da vida naquele corpo, o que se dava sobretudo nas comunidades menos esclarecidas. Entre os espíritas, são conhecidos os casos envolvendo a médium Yvonne do Amaral Pereira[226], que sofria de catalepsia e que certa vez, dada como morta, quase fora enterrada viva. Jesus poderia, com seu fluido vivificante, reanimar essas pessoas, fazendo com que seus espíritos retornassem aos seus corpos, uma vez que os laços perispirituais estavam ainda intactos.

É o mesmo caso de Lázaro, que estava havia quatro dias no sepulcro, e do qual diziam ter entrado já no estado de putrefação. Isso nada desmente os casos de catalepsia, do que sobrevêm efeitos semelhantes aos da decomposição. Esses casos não são raros, mas nem por isso impedem a pessoa de retornar à consciência e à vida normal, como se nada houvesse acontecido.

Espantaria a nós, nesse particular, se nos evangelhos houvesse algum registro em que Jesus tivesse recuperado vítimas de traumas mortais, nas quais os órgãos

---

226. 1906-1984

internos tivessem sido dilacerados ou comprometidos: crânios destruídos, amputações severas ou mesmo cabeças decepadas.

No que concerne ao entendimento espírita, nos fenômenos protagonizados por Jesus não há um sequer que pudesse ser classificado literalmente como "milagre", ou seja, a derrogação de uma lei divina. Todos os feitos de Jesus estão, por isso mesmo, na ordem da Natureza, o que não diminui a excepcionalidade das suas faculdades psíquicas e grandeza moral.

# EFEITOS FÍSICOS

MATEUS NARRA QUE certa noite estavam os apóstolos navegando o Mar da Galileia sob forte vento e ondas perigosas. Em dado instante viram Jesus caminhando sobre as águas, o que os assustou tremendamente[227]. Esse seria, dentre todos os fenômenos, um dos mais simples de ser realizado, já que pode ser reproduzido de duas formas: poderia Jesus projetar seu espírito sobre as águas, num fenômeno de desdobramento ou bicorporeidade, onde estaria não só visível como tangível, no que não há nada de espantoso; ou poderia realmente estar flutuando, pelo mesmo fenômeno de efeito físico que se observou abundantemente na segunda metade do século XIX, nas reuniões de mesas girantes, em Paris, ou nas exibições de Daniel Dunglas Home[228], o "médium voador", em Londres.

---

227. Mateus 14:22-33.
228. Daniel Dunglas Home foi um espiritualista britânico, famoso por suas alegadas capacidades como médium e por sua relatada habilidade de levitar até várias alturas, esticar-se e manipular fogo e carvões em brasa sem se machucar.

Um fato marcante, narrado por Marcos, é o da transfiguração, no Monte Tabor, presenciados por Pedro, Tiago e João. Eles acompanharam o Mestre até o topo do Monte e lá viram Jesus, transformado, envolvido de intensa luz. Até suas vestes haviam se tornado alvas como a neve – a famosa transfiguração –; ao mesmo tempo em que aparecem Moisés e Elias[229].

Quanto a isso, os fluidos perispirituais podem ser magnetizados de modo a mudar a aparência dos indivíduos, efeito já registrado em reuniões mediúnicas onde o médium incorporado parecia modificar-se, aproximando sua aparência à do espírito comunicante. Quanto ao aparecimento de espíritos tão nobres para conversar com Jesus, nada há de se estranhar quanto a isso, já que registros de materializações de seres desencarnados abundam na literatura espírita, fenômeno amplamente estudado e realizado por William Crookes.

De outra feita, atravessando o lago com seus discípulos, Jesus adormeceu, sendo acordado por seus discípulos, apavorados, que se viam sob a ameaça de forte tempestade[230]. Ao despertar, Jesus deu ordem aos ventos e às ondas, que se aquietaram.

De duas, uma: ou a palavra de ordem de Jesus foi ouvida pelas entidades que presidem a ação dos elementos, as quais lhe obedeceram de imediato; ou Jesus sabia que a tempestade, por si só, iria dissipar-se e, por isso, descansava com tranquilidade em meio à turbulência.

---

229. Marcos 9:1-9.
230. Lucas 8:22-25.

# Uma questão de interpretação

A MULTIPLICAÇÃO DOS pães e peixes é um fenômeno que há muito vem intrigando, não só os cristãos, mas os pesquisadores dos fenômenos. Como seria possível? No entanto, Jesus não deixou de repreender seus discípulos por não terem compreendido que cinco pães haviam bastado para 5 mil pessoas e que dois pães haviam sido o bastante para 4 mil e que não era de pão que ele falava quando disse para que se resguardassem do fermento dos fariseus e saduceus[231].

A hipótese mais provável para essa passagem é a de que a multiplicação não foi do pão material, mas do pão espiritual, o alimento espiritual que foi distribuído para as pessoas na forma dos ensinamentos transmitidos naquela ocasião.

E ainda são várias as passagens nos evangelhos onde Jesus usa a metáfora do alimento material para falar do alimento espiritual, como quando afirma que deu de

---

231. Mateus 16:5-12.

comer e ficaram todos saciados[232], fala sobre trabalhar para que se adquira o alimento que nunca perece[233], que Deus deu o pão do céu para dar vida ao mundo[234] ou da água-viva que Jesus era capaz de dar, para que, quem a tomasse, nunca sentisse sede novamente[235].

Uma outra fonte de debates diz respeito à tentação que Jesus teria sofrido pelo diabo, sendo por este transportado ao pináculo do Templo, depois ao cume de uma montanha[236]. Como imaginar uma força capaz de arrebatar Jesus e que o tenha submetido à sua influência? Segundo Allan Kardec, essa é mais uma parábola que se confundiu com a realidade, reflexão apoiada pelo próprio João evangelista, que, em 1862, na cidade de Bordeaux, já havia ditado mensagem[237] falando sobre o fato de que o Diabo ou Satanás são apenas figuras alegóricas que encerram em si todos os desvios morais, incluindo as tentações que sofremos constantemente.

Portanto, as tentações de Satanás são, nada mais, nada menos, do que nossos próprios desejos e ambições, que nos podem cegar e pôr a perder, tanto as boas obras que conquistamos quanto aquelas que buscamos conquistar adiante. Nesse sentido, cabe o ensinamento de Jesus quanto a "vigiai e orai, para não cairdes em tentação"[238].

---

232. João 6:25-27.
233. João 6:27.
234. João 6:32-52.
235. João 4:13-14.
236. Mateus 4:1-11.
237. *A Gênese*, de Allan Kardec, Cap. 15.
238. Mateus 26:41.

E o que dizer de uma passagem que narra que no momento da morte de Jesus incríveis fenômenos aconteceram? Mateus narra uma cena apocalíptica, em que o céu se escureceu, o véu do Templo se rasgou, a terra tremeu e as rochas se partiram. Além disso, túmulos se abriram e muitos "santos" voltaram à vida, saindo perambulando pelas cidades[239].

Com certeza tais fenômenos devem ter uma razão lógica de ser, no lugar de se pensar que a morte de Jesus fosse abalar a ordem natural do mundo, desafiando as leis divinas. Allan Kardec raciocina noutra direção. Impressionados com a crucificação do Cristo, o que, segundo seu ponto de vista, seria uma tragédia imensurável e uma verdadeira afronta a Deus, era natural que seus apóstolos houvessem reunido uma série de relatos e acontecimentos pontuais, e os relacionado como efeito da desencarnação de seu Senhor e Mestre.

O escurecimento do céu pode se dar de muitas formas, através de nuvens escuras, manchas solares ou até mesmo um eclipse. Rochedos que se desprendem podem dar a conotação de tremor de terra. Aparições de espíritos, fenômeno muito natural, podem ser traduzidas por mortos que se erguem de tumbas. Quando a imaginação se une à mistificação, as possibilidades de surgirem histórias fantasiosas são ilimitadas.

---

239. Mateus 27:45, 51-53.

# NUNCA HOUVE DÚVIDA

EMBORA HOUVESSE MUITOS debates entre os primeiros cristãos, sobre o caráter de Jesus – e muitos desses debates seguem até hoje –, dentro da Igreja primitiva, sobre quem era Jesus, se um rabino, messias ou Deus encarnado, nunca houve qualquer dúvida, entre seus seguidores ou detratores sobre a veracidade dos fenômenos de "milagres" ou "exorcismos".[240]

240. Apesar das fontes históricas e bíblicas nos levarem a ter essa conclusão como certa, faço um adendo aqui para citar Humberto de Campos, que na obra *Boa Nova*, psicografada por Francisco Cândido Xavier, Cap. 10, O perdão, nos conta que Jesus foi, em vários momentos, considerado um feiticeiro por muitos que lhe acercavam. Se, em tese, considerarmos que ambas as informações possam estar corretas, podemos presumir que, em algum momento, Jesus *realmente* tenha sido considerado um feiticeiro, sobretudo nos primeiros anos de sua missão, mesmo por que, em Mateus 12:24, está escrito: "Mas os fariseus, ouvindo isso, diziam: Este não expulsa os demônios senão por Belzebu, príncipe dos demônios", uma confusão que referenda a afirmativa de Humberto de Campos. Mas é provável que essa imagem foi sendo diluída até desaparecer, frente ao seu exemplo e sua palavra de fé, de modo a não entrar nos autos, nem ser citada pelos evangelistas. De qualquer forma, a inscrição INRI, posta na cruz sobre a cabeça de Jesus, acrônimo da frase em latim: Iēsus Nazarēnus, Rēx Iūdaeōrum cuja tradução é "Jesus Nazareno (ou, de Nazaré), Rei dos Judeus" e que descreve o motivo do

Todos os evangelhos, inclusive as escrituras não canônicas, confirmam os atos milagrosos de Jesus, assim como o faz também a *Fonte Q*, material de origem mais antiga. Quase um terço do *Evangelho de Marcos* consiste das curas e "exorcismos" de Jesus. A Igreja primitiva não só manteve uma memória viva desses "milagres" como também construiu sua fundação sobre eles.

Os apóstolos de Jesus ficaram conhecidos por terem os mesmos "poderes" de seu Mestre, podendo curar e "exorcizar" pessoas em nome de Jesus. Mesmo aqueles que não o aceitavam como Messias, viam Jesus como capaz de realizar feitos surpreendentes.

Em nenhum momento nos evangelhos os inimigos de Jesus negam seus "milagres". Mesmo nos séculos II e III, intelectuais judeus e filósofos pagãos que se posicionaram contra o cristianismo nunca duvidaram da capacidade de Jesus de realizar "milagres" e "exorcismos".

O mundo antigo era impregnado de ideias místicas, e Jesus, quando surgiu, parecia ser apenas mais um entre um número incontável de adivinhos e intérpretes de sonhos, feiticeiros e curandeiros que perambulavam pela Judeia e a Galileia. Era comum ver "exorcistas" judeus perambulando entre cidades, e "exorcismos" podiam se constituir em um empreendimento lucrativo. Muitos "exorcistas" são mencionados nos evangelhos[241].

A razão para "exorcismos" serem tão comuns entre os povos antigos é o fato que não se sabia a origem e o

---

crucificado ter sido condenado, não há indício algum de acusação por Jesus ter se passado por um "rei-feiticeiro", apenas "rei".

241. Mateus 12:27, Lucas 11:19, Marcos 9:38-40 e também Atos 19:11-17.

porquê da maioria das enfermidades e, não se podendo rastrear a causa entre os acontecimentos físicos, acabava-se por relegar a origem dos males orgânicos – e mentais – a fontes sobrenaturais, como divindades ou demônios.

Não importa de que maneira se queira definir uma "possessão demoníaca" atualmente – um problema de saúde, uma doença mental, epilepsia, esquizofrenia, obsessão –, a verdade é que as pessoas na Palestina generalizavam esses problemas como sinais de possessão, e viam Jesus como um entre os "exorcistas" profissionais com o poder de trazer a cura para aqueles tocados por esses males.

Tomando, a exemplo de comparação, outros registros sobre pessoas capazes de curar ou expulsar demônios em fontes judaicas e pagãs dos séculos I e II, vemos que a forma em que são documentados é quase idêntica à dos evangelhos; o mesmo vocabulário básico, o modo de descrever a pessoa e os fatos inexplicáveis, revelando que os fenômenos de Jesus foram registrados como algo natural, sem escândalo ou estranhamento.

Essa visão de Jesus como fonte de fenômenos extraordinários, inéditos, exclusivos, misteriosos, inexplicáveis e sagrados – além de divinos – é algo moderno, muito longe da visão de quem viveu na Palestina do século I. Fossem gregos, romanos, judeus ou cristãos, todos os povos do antigo Oriente próximo viam "magia" e "milagre" como possibilidades reais.

Porém, quando Jesus esteve diante das autoridades romanas e judaicas para responder às acusações contra ele, os crimes elencados eram muitos – sedição, blasfêmia, subversão à lei de Moisés, recusa em pagar o tributo, ameaça ao Templo –, mas ser um mago ou um charlatão não era um deles.

No entanto, uma coisa é muito clara quando analisamos os fenômenos de Jesus sob o ponto de vista histórico: os "milagres" que empreendeu não pretendiam ser um fim neles próprios. Ao invés disso, suas ações serviam a um propósito pedagógico. Elas foram um meio de transmitir uma mensagem muito relacionada às palavras do profeta Isaías, que havia anunciado o dia em que o Reino de Deus seria estabelecido na Terra[242].

No entanto, para a mentalidade da maioria das pessoas à época, Deus já tinha seus agentes na Terra. Eram aqueles homens que trajavam finas vestes brancas, circulando pelo Templo, pairando sobre montanhas de incenso e incessantes sacrifícios. A principal função da nobreza sacerdotal não era apenas presidir os rituais do Templo, mas controlar o acesso ao culto judaico. O próprio projeto do Templo de Jerusalém, com uma série de ingressos cada vez mais restritos, visava manter o monopólio sacerdotal sobre quem poderia e não poderia chegar à presença de Deus, e em que grau.

Quando, à época de Jesus, se fala sobre os socialmente excluídos, não quer dizer que se trata apenas de vítimas de doenças ou da pobreza; eram *legalmente* excluídos e isso envolvia não só a perda de direitos, mas, inclusive, a perda do acesso a Deus.

Os doentes, os coxos, os leprosos, os "endemoninha-

---

242. Isaías 35:5-6; 26:19.

dos", as mulheres menstruadas, as que tinham dado à luz recentemente, aqueles que excretavam fluidos corporais, – nenhum deles estava autorizado a entrar no Templo e participar do culto judaico, a não ser que fosse primeiro purificado de acordo com o código sacerdotal. Com cada leproso purificado, cada paralítico curado, cada demônio expulso, Jesus não apenas desafiava o código sacerdotal; ele invalidava o próprio objetivo do sacerdócio.

Assim, no *Evangelho de Mateus*, quando um leproso vem implorar a cura, ele é curado e Jesus pede que se mostre aos sacerdotes, num ato desafiador e que tinha um peso tremendo, pois, para que um leproso – doente e impuro segundo a lei instituída – fosse considerado purificado era necessário realizar um ritual complexo e oneroso[243] determinado por Moisés.

Obviamente, Jesus está dizendo para o leproso se apresentar ao sacerdote *já tendo sido purificado*, limpo das chagas e livre da doença. Esse é um desafio direto não só à autoridade do sacerdote, mas ao próprio Templo. E fazendo isso, utilizando de um "dom de Deus" – sem dízimo, sem sacrifício –, automaticamente estava julgando um homem digno de entrar na presença de Deus. Mais do que palavras, os atos de Jesus tinham um profundo significado.

Mas, até então, se Jesus tivesse ficado restrito à Galileia, muito provavelmente suas palavras e atos teriam sido relevados. Mas, deixando Cafarnaum para cami-

---

243. Levítico 14.

nhar até Jerusalém, curando enfermos e expulsando demônios ao longo do caminho, o conflito se fez inevitável diante das autoridades sacerdotais e o Império Romano. Jesus não pôde ser ignorado e, quanto mais se aproximava da cidade santa, mais urgente era silenciá-lo.

# REINO DE DEUS

SÃO MUITAS AS passagens evangélicas onde se fala de um Reino de Deus, Reino dos Céus[244] ou um reino que não é deste mundo. Disso não se pode ter dúvida: o tema central e unificador da mensagem dos 3 breves anos do ministério de Jesus foi a promessa do Reino de Deus. Praticamente tudo o que Jesus disse ou fez nos evangelhos tinha a função de proclamar publicamente a vinda do Reino.

No entanto, o Reino de Deus, dos ensinamentos de Jesus, não é um reino celestial existente em um plano cósmico ou um reino sobrenatural, mas diz que é diferente de qualquer reino ou governo sobre a Terra. Jesus também não apresenta o Reino de Deus como um reino futuro distante a ser estabelecido no fim dos tempos.

Quando Jesus diz que o Reino de Deus está próximo ou que o Reino de Deus já está em nosso meio, ele aponta para a ação salvadora de Deus naquele momento, em

---

244. Mateus 6:9-13, 6:33, 10:37-39, 22:1-4; Lucas 11:1-2, 12:31, 14:16-24, 14:25-27, 17:21; Marcos 1:15, 9:1, 13:5-37; João 18:36.

seu tempo presente. Sim, é verdade que Jesus fala de guerras e revoltas, terremotos e fome, falsos messias e profetas que impediriam o estabelecimento do Reino de Deus na Terra, mas, longe de augurar um futuro apocalíptico, as palavras de Jesus são, na realidade, uma descrição perfeita do momento em que ele vivia: uma era de guerras, fomes, doenças e falsos messias.

Entretanto, ficou muito claro pelos acontecimentos posteriores que grande parte dos judeus entendeu a proposta de Jesus como o advento de um reino físico, com um rei – que, pelo visto, parecia ser ele mesmo. Os romanos viram a possibilidade *real* de uma tomada de poder. Armou-se uma confusão de proporções alarmantes.

A concepção particular de Jesus sobre o Reino de Deus pode ter sido um tanto diferente e original, mas as ideias que a sustentavam não eram estranhas. O Reino de Deus, nos ensinamentos de Jesus, era apenas um atalho para a ideia de Deus como o único soberano, o único rei – e não apenas sobre Israel, mas sobre todo o mundo[245].

As duradouras palavras das bem-aventuranças[246] são, mais do que qualquer outra coisa, uma promessa de libertação de qualquer mazela que afligisse os menos afortunados. Elas preveem sistema inédito, onde os mansos herdarão a Terra, os doentes serão curados, o fraco se tornará forte, os famintos serão alimentados e os pobres se tornarão ricos. É uma nova e arrepiante reali-

---

245. 1 Crônicas 29:11-12; Números 23:21, Deuteronômio 33:5.
246. Mateus 5:1-16.

dade na qual Deus será rígido contra os ricos, os fortes e os poderosos[247].

Após o advento do Espírito de Verdade – que muitos acreditam ser o próprio Cristo – e a codificação da doutrina espírita, acontecidos na segunda metade do século XIX, na França, ficou claro que as palavras de Jesus se referiam, basicamente, a duas situações. Uma delas era que o Reino de Deus se referia ao mundo espiritual, nossa verdadeira casa, para onde vão nossos espíritos imortais após nossa breve passagem pela Terra e onde a justiça divina é aplicada imparcialmente. Lá é onde colhemos os frutos de nossas ações e onde estão as recompensas descritas nas bem-aventuranças. Dessa forma, o futuro descrito por Jesus é o que chega após a morte do corpo físico.

A outra situação diz respeito ao motivo de Jesus encarnar em meio à raça humana, trazendo consigo a Segunda Revelação[248] e preparando terreno para a Terceira Revelação que viria[249] dezenove séculos depois, quando o entendimento dos homens estivesse mais desenvolvido. O futuro anunciado por Jesus, como a chegada do Reino dos Céus, está intimamente ligado à chamada destinação da Terra[250], quando, de mundo de expiação e provas, passaremos a mundo de regeneração, no qual o mal não predominará.

Mas, no século I, entendia-se que o governo de Deus

---

247. Lucas 6:24-25.
248. A primeira revelação foi trazida por Moisés.
249. João 14:15-26.
250. *O Evangelho segundo o Espiritismo*, de Allan Kardec, cap. 3, itens 6 e 7.

não poderia ser estabelecido sem a aniquilação dos líderes da época. Dizer que o Reino de Deus estava próximo seria o mesmo que dizer que o fim do Império Romano era iminente e que Deus iria substituir César como governador da Terra.

Mas como se daria esse processo? O que as palavras de Jesus revelam sobre esse assunto? E essa é uma questão das mais importantes para aqueles que tentam separar o Jesus histórico do Cristo cristão.

Quando Jesus usa a alegoria de que não veio trazer a paz, mas a espada[251], ou que veio para lançar fogo à Terra[252], deixa muito claro o quão difícil e conflituoso, para dizer o mínimo, seria esse processo, contra a ordem já estabelecida.

Das páginas de *O Evangelho segundo o Espiritismo*[253] poderemos retirar boas inspirações para analisar as palavras do Cristo, que não podem ser tomadas ao pé da letra.

É notório que, em todos os tempos, as novas ideias forçosamente encontram oposição e não há como serem implantadas sem luta. E quanto maior a ideia, mais interesses ela fere. Jesus sabia que suas ideias causariam oposição violenta, mesmo após sua partida do mundo, pois a implantação de um reino de justiça e amor jamais se daria do dia para a noite.

Jesus proclamava uma doutrina que feria na base os abusos de que viviam os fariseus, os escribas e os

---

251. Mateus 10:34; Lucas 12:51.
252. Lucas 12:49-53.
253. *O Evangelho segundo o Espiritismo*, de Allan Kardec, Cap. 23.

sacerdotes do seu tempo. Nem destruindo o idealizador conseguiram destruir a ideia. Mal sabiam eles que cerca de três séculos depois, aquela filosofia, nascida num pequeno e obscuro burgo da Judeia, iria – não sem terríveis lutas e vítimas inumeráveis – plantar o seu estandarte na capital do mundo pagão, na frente dos seus mais arraigados inimigos, os que mais se esforçaram por combatê-la.

Mas para os primeiros adeptos da nova doutrina, as palavras de Jesus ainda soavam confusas, principalmente pelo sentido velado, pelas alegorias e figuras de linguagem que utilizou. E, mesmo vinte séculos depois, a interpretação duvidosa que se faz sobre muitos de seus ensinamentos continua resultando no infinito número de seitas cristãs que temos hoje.

E, se enquanto minoria, os cristãos se comportaram com mansuetude, quando venceram o paganismo, de perseguidos, fizeram-se perseguidores. Não é exagero afirmar que as guerras religiosas estão entre as mais cruéis e bárbaras, no que se percebe que muitos entenderam ao pé da letra, ao invés de entender que, se o cristianismo fosse trazer lutas sangrentas, tendo por pretexto o nome do Cristo, não deveria ser por responsabilidade dos cristãos. Não deveriam ser os cristãos a levar ao fio da espada seus opositores. Definitivamente não era esse o sentido da mensagem.

Após a revolta judaica e a destruição de Jerusalém, a Igreja cristã entendeu mais do que nunca o quanto as ideias pacifistas eram importantes e o quanto a mensagem de Jesus era universalista, pois conceitos sobre amar os inimigos e oferecer a outra face serviam a todos os povos, sem necessariamente ferir suas convicções étnicas, culturais ou religiosas.

Aos poucos as palavras de Jesus foram ampliando seu significado, e passagens dos evangelhos onde ele dizia, por exemplo, que não iria abolir a lei, mas fazê-la cumprir-se passaram a ser entendidas, não no sentido estrito da lei mosaica, mas num sentido mais amplo, sobretudo o Decálogo, passando fazer parte de um conjunto de leis soberanas, as leis divinas. Mas, de modo geral, as ideias cristãs demoraram a tomar esse corpo universalista. O mandamento muitas vezes repetido de "amar o teu próximo como a ti mesmo" custou a sair do contexto das relações internas de Israel, inclusive após Jesus ter utilizado do artifício da parábola do Bom Samaritano[254]. Mesmo porque já havia um conceito na cultura do povo que previa não se vingar, nem guardar rancor contra ninguém do povo, e, inclusive, amar o próximo como a si mesmo[255] – embora o "próximo", na visão judaica, restringir-se a outro judeu.

Para os israelitas, bem como para a comunidade de Jesus na Palestina do século I, "próximo" significava judeu. É clássica a história do conflito entre Pedro e Paulo em Antióquia[256], um episódio tenso e dramático do *Novo Testamento*, cujos protagonistas foram dois líderes apostólicos de Jesus, face a face, em franca discórdia.

Basicamente o que houve foi que, de maneira geral,

---

254. Lucas 10:25-37.
255. Levítico 19:18.
256. Gálatas 2:11-16.

Pedro se relacionava de igual para igual com os cristãos gentios, sem fazer distinção entre eles e cristãos judeus; no entanto, quando estava na Antióquia, reunido com um grupo de gentios convertidos, recebeu a visita de alguns cristãos judeus enviados por Tiago. Quando o grupo começou a pregar sobre a necessidade da circuncisão – hábito enraizado no judaísmo e sem sentido para outros povos –, isso, para os novos cristãos, no local, fez certa diferença. Pedro não se opôs ao grupo e sentou-se em separado dos gentios.

Paulo, julgando a situação constrangedora, por não ver nada de cristão nesse discurso – inclusive imbuído de um racismo disfarçado, em sua visão –, repreendeu Pedro publicamente, ao vê-lo agir dissimuladamente. Esse fato gerou o evento conhecido como Concílio de Jerusalém[257].

O Concílio de Jerusalém acabou sendo o primeiro "evento oficial" da Igreja cristã primitiva, onde foram tomadas decisões severas, cujo resultado foi fortalecer a universalidade do ensino do Cristo, distanciando as práticas cristãs das práticas judaicas. Assim o judaísmo de Jesus foi se tornando cada vez mais irrelevante, apenas um detalhe de sua biografia. Mas, se assim não fosse, talvez sua palavra não tivesse saído da Galileia.

O Cristo passou a ter um caráter cada vez mais divino, mas não necessariamente referente ao Deus de Israel, mas um Deus mais "universal", estando acima de qualquer lei ou costume especial. E esse é um ponto

---

257. Atos 15.

chave nessa questão: a evolução da imagem do Cristo acompanhou necessariamente uma evolução da imagem de Deus.

Quem lançar um olhar sublime sobre o Jesus de dois milênios atrás, tendo-o como um camponês judeu simples, um pregador carismático que viveu na Palestina há 2 mil anos, se deparará com uma importante verdade: o mesmo Deus que a *Bíblia* chama de "homem de guerra[258], o Deus que repetidamente comanda o massacre de cada homem, mulher e criança estrangeiros que ocupam a terra dos judeus, o "Deus borrifado de sangue" de Abraão, Moisés, Jacó e Josué[259], o Deus que "esmaga a cabeça de seus inimigos", que ordena a seus guerreiros banharem os pés no sangue dos inimigos e deixarem os corpos para os cães comerem[260], era o Deus que foi ensinado a Jesus adorar.

E quando Jesus falava de Deus, ainda era esse Deus que estava na mente do povo, e da mesma forma a mensagem de Jesus foi recebida, como uma mensagem voltada exclusivamente ao povo judeu, relacionada com o Deus judeu. Não há nenhuma razão para considerar a concepção que Jesus pregou a respeito de seus vizinhos e inimigos, como tendo sido entendida pelo povo mais ou menos inclusiva do que a de qualquer outro judeu de seu tempo. Não num primeiro momento.

---

258. Êxodo 15:3.
259. Isaías 63:3.
260. Salmos 68:21-23.

# Quebra de Antigos Conceitos

As recomendações de Jesus para se amar os inimigos e dar a outra face foram entendidos inicialmente como exclusivamente aos seus companheiros judeus e concebidos como um modelo de relações pacíficas exclusivamente dentro da comunidade judaica. Os mandamentos demoraram a ser entendidos como uma forma de tratar os estrangeiros e forasteiros também, inclusive aqueles "selvagens" que ocuparam a terra de Deus em violação direta da lei de Moisés.

Em qualquer caso, nem o mandamento de amar os inimigos nem o apelo para dar a outra face foram entendidos, de início, como uma convocação para a não violência ou não resistência. Entendia-se que a soberania de Deus não poderia ser estabelecida a não ser por meio da força, mesmo porque já havia antecedentes violentos ligados ao anúncio do Reino de Deus[261] e as pessoas não esperavam que no futuro fosse diferente.

Foi justamente para se preparar para as bases para se

---

261. Mateus 11:12; Lucas 16:16.

estabelecer o Reino de Deus na Terra que Jesus escolheu a dedo seus doze apóstolos. No entanto, precisamos entender o quanto o entendimento das coisas era diferente no século I. As atitudes de Jesus tinham um significado muito diverso do que é entendido hoje e muito do que fez ou falou esteve ligado às raízes da cultura e religião judaica. Ele teve que se utilizar dessa base para que suas decisões tivessem uma lógica não só perante o povo, mas também perante seus próprios discípulos.

Um fato muito claro, quando comparamos o que houve realmente, a respeito do advento do Cristo, quanto ao que estava previsto pelos profetas e o que a crença popular ansiava, era que as coisas aconteceram conforme previsto, mas não do jeito que as pessoas pensaram que seria.

Os judeus do tempo de Jesus acreditavam que viria o dia em que as doze tribos de Israel seriam reconstituídas para formar uma única nação, uma nação unida[262]. Ao designar os doze apóstolos e prometer que eles iriam se sentar em doze tronos para julgar as doze tribos de Israel[263], na mente deles estava sinalizado que se aproximava o dia que eles estavam esperando, quando o Senhor dos Exércitos iria quebrar o jugo que estava sobre o pescoço dos judeus e libertá-los. De certa forma era verdade, embora não como imaginassem.

As palavras de Jesus se misturaram a um certo nacionalismo fervoroso, e a restauração e renovação da *ver-*

---

262. Jeremias 30:3.
263. Mateus 19:28; Lucas 22:28-30.

*dadeira* nação de Israel, que João Batista havia pregado, parecia estar finalmente ao alcance, com a chegada do Reino de Deus. E como o profeta Isaías advertira que Deus iria reunir os povos dispersos de Israel e o povo disperso de Judá para a guerra, as palavras de Jesus pareciam fazer um estranho sentido: o mandamento amar o próximo como a si mesmo era uma forma de unir o povo judeu para esse fim.

A nova Israel, nas palavras do profeta, iria levantar um sinal-estandarte para as nações, atacando violentamente os filisteus no Oeste e saqueando os povos do Oriente. Ele reaveria a terra que Deus deu aos judeus e limparia ela da ocupação estrangeira[264]. A designação dos doze apóstolos parecia, para muitos, um prenúncio de guerra, uma admissão de sua inevitabilidade. As confusões quanto ao entendimento das palavras de Jesus vinham de toda parte, e tudo o que ele falava sofria com pontos de vista conflitantes.

Quando Jesus afirmou que, para segui-lo, era necessário renunciar a si mesmo e cada um pegar a sua cruz[265], não pareceu, na época, uma declaração de abnegação íntima e aceitação das dificuldades que o cristão poderia encontrar, como tão frequentemente é interpretada atualmente. A cruz era a punição por sedição, não um símbolo de abnegação. Jesus parecia advertir os apóstolos que, personificando as doze tribos que iriam reconstituir a nação de Israel e libertá-la do jugo da ocupação,

---

264. Isaías 11:11-16.
265. Marcos 8:34.

seria compreendido por Roma como traição e, portanto, inevitavelmente levaria à crucificação.

E, na verdade, Jesus admitiu essa possibilidade com frequência quase profética, relembrando vezes sem conta que estavam por vir a ele a rejeição, a prisão, a tortura e, finalmente, a execução[266]. Mas não era preciso ser profeta para prever o que aconteceria com alguém que desafiasse o controle sacerdotal do Templo ou a ocupação romana da Palestina. O caminho diante de Jesus havia sido demonstrado – guardadas as devidas proporções – pelos muitos aspirantes messiânicos que vieram antes dele.

Para Jesus o destino era claro e, por isso mesmo, sabia que tinha pouco tempo para disseminar sua mensagem. Precisava utilizar de inteligência para falar sobre o Reino de Deus de uma forma que a mensagem não se perdesse. E a mensagem deveria servir a todos, independentemente da origem e crenças.

Talvez explique por que ele se esforçou tanto em falar sobre o Reino de Deus por meio de parábolas, que, apesar da forma velada – mas que ao mesmo tempo permitia múltiplas interpretações, ajustáveis à realidade de cada um –, possuíam imagens simples que até uma criança poderia entender. No entanto, as parábolas eram para o grande público; para os apóstolos, que tinham melhor entendimento e lidavam com ele diretamente, podendo esclarecer suas dúvidas a qualquer momento, Jesus pôde falar mais diretamente[267].

---

266. Mateus 16:21, 17:22-23, 20:18-19; Marcos 8:31, 9:31, 10:33; Lucas 9:22, 9:44, 18:32-33.
267. Marcos 4:11-12.

Assim, o Reino de Deus, nos ensinamentos de Jesus, é ao mesmo tempo a festa de casamento alegre dentro do salão nobre do rei e as ruas banhadas de sangue fora de seus muros. É um tesouro escondido num campo – compensa vender tudo para comprar esse campo[268]. É uma pérola escondida dentro de uma concha – que merece nosso sacrifício para ser encontrada[269]. É uma semente de mostarda – a menor das sementes – enterrada no solo que em breve vai florescer em uma árvore majestosa e onde os pássaros se aninharão[270]. É uma rede tirada do mar, repleta de peixes bons e ruins – onde os bons devem ser mantidos, e os ruins, descartados[271]. É um prado asfixiado de ervas daninhas e trigo, e, quando o ceifeiro vier, vai colher o trigo, mas as ervas daninhas ele vai juntar e jogar no fogo[272].

Segundo Jesus, o ceifeiro estava muito próximo e, obviamente, ninguém queria ser lançado às trevas exteriores onde haveria pranto e ranger de dentes. A vontade de Deus estava prestes a ser feita, – na Terra como no Céu –, segundo a prece que nos ensinou. Então, "tire a mão do arado e não olhe para trás", "deixe que os mortos enterrem seus mortos", "deixe para trás seu marido e sua esposa, seus irmãos e irmãs e filhos, e prepare-se para receber o Reino de Deus, pois o machado já está colocado junto à raiz da árvore".

---

268. Mateus 13:44.
269. Mateus 13:45.
270. Mateus 13:31-32.
271. Mateus 13:47.
272. Mateus 13:24-30.

Mas nenhuma das infinitas interpretações sobre o significado das parábolas e o advento do Reino de Deus iria impedi-lo de ser preso e crucificado. As afirmações de Jesus, como a de que a atual ordem estava prestes a ser revertida, de que os ricos e os poderosos iam se tornar pobres e fracos, e que Deus seria o único governante de tudo, não foram bem recebidas no Templo, onde o sumo sacerdote reinava, nem na Fortaleza Antônia, onde Roma governava. Afinal, se o Reino de Deus, como Jesus apresentava, era de fato um reino real, físico, então ele não exigia um rei real, físico? Não estava Jesus requerendo aquele título real para si mesmo? Ele prometeu um trono para cada um dos seus doze apóstolos. Não tinha ele em mente um trono para si próprio? Foram dúvidas extremamente pertinentes à época.

De fato, Jesus não forneceu detalhes sobre a nova ordem mundial que estava programada para vir, mas deixou claro que no futuro um outro Consolador[273] iria vir – do qual já falamos anteriormente – para detalhar melhor esses planos e explicar o que ele mesmo não pôde, seja pela falta de entendimento do povo, seja por falta de tempo.

Mas não há dúvida de que Jesus tinha uma visão clara de seu papel no Reino de Deus, e as curas e os "exorcismos" empreendidos por ele e seus discípulos eram um sinal de que já se podia experimentar um pedacinho desse reino.

Como uma espécie de representante de Deus na Ter-

---

273. João 14:15-26.

ra, o próprio Jesus estava inaugurando o Reino de Deus, o mundo de regeneração que estava por vir e do qual suas ideias renovadas e suas ações "milagrosas" eram os primeiros sinais do que estaria reservado, na verdade, a todos. "Vós sois deuses" – ele disse. E ainda: "Podeis fazer o que faço e muito mais".

Não é de se admirar então que, no final de sua vida, quando se postou, espancado e ferido, diante de Pôncio Pilatos para responder às acusações que lhe haviam sido impostas, uma única pergunta fosse feita a Jesus. Era a única questão que importava, a única pergunta que ele deveria responder ao governador romano antes de ser enviado para a cruz para receber a punição padrão reservada a todos os rebeldes e insurgentes. "Tu és o rei dos judeus?"

# IDENTIDADE DE JESUS

CERCA DE DOIS anos após o encontro com João Batista, Jesus já havia expandido uma mensagem libertadora, para os sofredores e oprimidos, e atraído um corpo de discípulos que receberam autoridade para pregar a sua mensagem por conta própria. Em cada vilarejo e cidade, nas aldeias e nos campos, grandes multidões se reuniam para ouvir Jesus e seus discípulos pregarem e para participarem das curas e "exorcismos" gratuitos que eles ofereciam para aqueles que buscavam sua ajuda.

Apesar de seu relativo sucesso, Jesus e seus discípulos restringiram a maior parte de suas atividades às províncias do Norte da Galileia, Fenícia e Gaulanitis, sabiamente mantendo uma distância segura da Judeia e da sede da ocupação romana em Jerusalém. Eles desenharam um caminho cirurgicamente tortuoso através do campo galileu, desviando completamente das capitais reais de Séforis e Tiberíades, para não enfrentar as forças do tetrarca.

Embora tivessem se aproximado das prósperas cidades portuárias de Tiro e Sidon, abstiveram-se de realmente entrar em qualquer das duas. Eles vagaram ao longo da borda da Decápolis, mas evitaram rigorosamente as cidades gregas e as populações pagãs nelas existentes. No lugar das ricas cidades grandes da região, Jesus centrou sua atenção em aldeias mais pobres, como Nazaré, Cafarnaum, Betsaida e Naim, onde sua promessa de uma nova ordem mundial era ansiosamente recebida, bem como nas cidades costeiras que margeiam o Mar da Galileia, exceto por Tiberíades, é claro, onde Herodes Antipas se sentava ansioso em seu trono.

Depois de dois anos, notícias de Jesus e seu grupo de seguidores chegaram finalmente à corte de Antipas. Ele não só curava aqueles a quem o Templo expulsava como pecadores sem salvação, mas purificava-os de seus pecados, assim tornando irrelevante o inteiro estabelecimento sacerdotal e seus caros rituais exclusivistas. Suas curas e "exorcismos" atraíam multidões grandes demais para o tetrarca em Tiberíades ignorar.

No entanto, as massas volúveis, mais interessadas nos fenômenos – dos quais não haviam dúvida –, pediam frequentemente um sinal para que pudessem acreditar também em sua mensagem. O próprio Jesus, certa vez, deu sinal de cansaço quanto a essa insistência popular, afirmando que não lhe seria dado sinal algum[274].

E enquanto Jesus peregrinava exaustivamente difundindo sua mensagem, na corte de Antipas discutia-se nervosamente sobre quem esse pregador galileu poderia ser. Alguns pensavam que ele era Elias renascido, ou

---

274. Mateus 12:38.

talvez um dos outros profetas do passado. O interessante é que havia certa lógica nesse raciocínio.

Elias, que viveu no Norte de Israel no século IX a.C., foi um exemplo clássico do profeta milagroso. Um guerreiro de *Yahweh* temível e intransigente que se esforçou para acabar com a adoração do deus cananeu Baal entre os israelitas[275]. Para provar a superioridade de *Yahweh*, Elias desafiou 450 sacerdotes de Baal para uma competição. Eles iriam preparar dois altares, cada um com um touro colocado em um pilar de madeira. Os sacerdotes orariam a Baal para o fogo consumir a oferenda, enquanto Elias oraria a *Yahweh*. Dia e noite os sacerdotes de Baal oraram. Eles gritaram e cortaram-se com espadas e lanças, até ficarem ensopados de sangue. Eles choravam e imploravam e suplicavam a Baal para trazer o fogo, mas nada aconteceu.

Elias, então, despejou doze jarras de água em sua pira, deu um passo para trás e invocou o Deus de Abraão, de Isaac e de Israel para mostrar sua força. No mesmo momento uma grande bola de fogo caiu do céu e consumiu o touro, a lenha, as pedras, a poeira no chão e as poças de água em torno do sacrifício.

Quando os israelitas viram a obra de *Yahweh*, caíram de joelhos e O adoraram como Deus. Mas Elias não tinha terminado. Ele agarrou os 450 profetas de Baal, forçou-os para dentro do Vale de Wadi Quisom e, de acordo com as escrituras, abateu cada um deles, até o último, com as próprias mãos. Tão grande era a fidelidade de

---

275. 1 Reis 18:21.

Elias que ele não teve permissão para morrer, tendo sido levado para o céu num redemoinho para se sentar ao lado do trono de Deus[276].

O retorno de Elias, no final dos tempos, quando iria reunir as doze tribos de Israel e acolher a era messiânica, foi predita pelo profeta Malaquias[277]. E como Elias, teoricamente, não havia morrido, nada impediria que ele, de repente, voltasse por aí. E por que Jesus não poderia ser o profeta? Tanto mais que Jesus havia constituído um ministério itinerante, convocado discípulos, o aparente objetivo de reconstituir as doze tribos, o foco estrito nas regiões do Norte de Israel e os sinais e maravilhas que realizava em todos os lugares aonde ia.

Antipas, no entanto, não se convenceu dos murmúrios de seus cortesãos. Ele esteve mais inclinado a acreditar que o pregador de Nazaré não era Elias, mas João Batista, a quem ele matou, ressuscitado dos mortos, ato que o acometera de um forte sentimento de culpa[278].

Enquanto isso, Jesus e seus discípulos continuaram sua lenta jornada em direção à Judeia e Jerusalém. Deixando para trás a aldeia de Betsaida, os discípulos começam a viajar ao longo dos arredores de Cesareia de Filipe, uma cidade romana ao norte do Mar da Galileia, que servia como sede da tetrarquia de Filipe, outro filho de Herodes, o Grande. Enquanto caminhavam, Jesus perguntou casualmente a seus seguidores "quem as pessoas achavam que ele era", e a resposta dos discípulos

---

276. 2 Reis 2:11.
277. Malaquias 4:5-6.
278. Mateus 14:1-2; Marcos 6:14-16; Lucas 9:7-9.

refletia as especulações em Tiberíades: a de que Jesus era Elias ou outro profeta. Mas Jesus insiste e pergunta aos apóstolos o que eles achavam. E Pedro responde: "Tu és o Messias, o Filho de Deus vivo".

Seis dias depois, Jesus leva Pedro e os irmãos Tiago e João, filhos de Zebedeu, ao alto do Monte Tabor, onde se transfigura diante deles, com suas vestes tornando-se brancas a ponto de ofuscar.

De repente, Elias, o profeta e precursor do Messias, apareceu na montanha. Com ele estava Moisés, o grande libertador e legislador de Israel, o homem que rompeu os grilhões dos israelitas e conduziu o povo de Deus de volta para a Terra Prometida. A aparição ou retorno de Elias – apesar de incrível, não era algo considerado impossível, era até tolerável – já fora antecipada pelas especulações em Tiberíades e pelas reflexões dos discípulos em Cesareia de Filipe.

Mas a aparição de Moisés era algo completamente diferente. Curiosamente Moisés também havia levado três companheiros com ele até uma montanha – Aarão, Nadabe e Abiú –, e também foi fisicamente transformado. No entanto, enquanto a transformação de Moisés fora resultado de seu contato com a "glória de Deus", Jesus é transformado por sua própria glória. E, apesar de Jesus não ter dito nada a respeito disso aos apóstolos, sua ação pareceu deliberada, sugerindo uma relação entre as duas histórias. Não era à toa que muitas vezes dizia que ouvisse quem tivesse ouvidos para ouvir e visse quem tivesse olhos para ver. Uma imagem vale mais do que mil palavras.

Na verdade, a cena aconteceu de tal forma que Moisés e Elias – ou seja, representantes da lei e dos profetas, respectivamente – foram claramente apresentados como subordinados a Jesus. Os discípulos ficam estarrecidos com a visão, e com razão. Pedro tentou até aliviar a inquietação oferecendo-se para construir três tendas no local: um para Jesus, outro para Elias e outro para Moisés.

É então que uma nuvem envolve a montanha – tal como acontecera séculos atrás, no Monte Sinai – e de dentro dela ecoam as mesmas palavras que foram proferidas do alto no dia em que Jesus começou o seu ministério no Rio Jordão: "Este é o meu filho bem-amado. Ouçam-no". Estava – divinamente – confirmado pela voz de uma nuvem no topo de uma montanha que Jesus de Nazaré era o Messias ungido, o rei dos judeus[279].

---

279. Mateus 17:1-8; Marcos 9:2-8; Lucas 9:28-36.

# Segredo messiânico

O QUE FAZ com que os eventos acontecidos no alto do Tabor sejam tão significativos é que, até esse ponto na vida de Jesus, ele não havia feito nenhuma declaração sobre sua identidade "messiânica". Na verdade, até então, ele tentara repetidamente ocultar quaisquer aspirações especiais que pudessem ter tido.

Ele silenciara os demônios que o reconheceram[280] e fez jurar segredo àqueles que curou[281]. Ele se disfarçou em parábolas incompreensíveis e se deu ao trabalho de ocultar sua identidade e missão das multidões que se reuniram em torno dele[282]. Vezes sem conta Jesus repeliu o título de Messias que lhe fora concedido por outros.

Existe um termo para esse estranho fenômeno, que tem suas origens no *Evangelho de Marcos*, mas que pode ser rastreado ao longo dos evangelhos. É o chamado "segredo messiânico". O próprio papa Bento XVI, em

---

280. Marcos 1:23-25, 1:34, 3:11- 12.
281. Marcos 1:43-45, 5:40-43, 7:32-36, 8:22-26.
282. Marcos 7:24.

2009, se manifestou sobre esse assunto[283], afirmando que Jesus insistia nesse "segredo" porque estava em jogo o sucesso de sua missão. Daí o cuidado com a divulgação de uma informação de tal peso, que encontra a sua justificação nas concepções de Messias que ao tempo existiam. A expectativa messiânica era vivida com grande tensão, por causa da opressão exercida pelos romanos. Aliás, o judaísmo era bastante plural no que se refere a esta matéria. Cada grupo tinha as suas ideias acerca do Messias. Os fariseus esperavam um messias diferente daquele esperado pelos sacerdotes, ou pelos essênios, por exemplo. Todavia, a grande maioria esperava um messias que viria libertar Israel do domínio estrangeiro e restaurar o reino de Davi. As expectativas dos discípulos de Jesus não eram diferentes das da maioria dos seus compatriotas. Estava absolutamente fora de cogitação a ideia de um messias que haveria de sofrer e morrer pelos pecados do povo. A expectativa reinante era a de um messias político, capaz de libertar o seu povo do jugo da potência estrangeira, uma figura puramente humana.

O "messianismo" de Jesus não era de todo compatível com as expectativas da maioria dos seus contemporâneos. Não era sua intenção libertar Israel da opressão romana; afinal, afirmara que seu reino não era deste mundo e, para fazer parte dele, era necessária a conversão, a renovação interior. Jesus veio para libertar o povo, não do domínio romano, mas do domínio do pecado.

---

283. https://pt.zenit.org/articles/papa-explica-por-que-jesus-guardava--segredo-messianico/

O desvelamento do seu messianismo provocaria um grande equívoco acerca da sua missão e da sua pessoa e aumentaria o risco de tumultos políticos, com a consequente intervenção romana. Daí que na sua pregação Jesus tenha evitado sempre o título de Messias, designando-se a si mesmo "Filho do Homem", a que o povo não atribuiu qualquer conotação messiânica.

Em vez de se apresentar como Messias, Jesus começou por atrair o interesse dos seus ouvintes para o seu ensino, provocando a reflexão acerca da sua pessoa, através de milagres. No entanto, esta via não provocou a adesão dos judeus. Em relação aos escribas e fariseus, a rejeição de Jesus foi notória desde o início e acabou em conflito grave.

No que se refere ao povo, maravilhava-se com o seu ensinamento e acorria em massa até ele, atraído pelos seus milagres: puro sensacionalismo e interesse da ajuda material que recebia de Jesus. Não era a fé, e a verdadeira compreensão da mensagem de Jesus que o movia.

Os milagres que Jesus fez foram um meio para dar a conhecer a sua missão e seu poder, muito mais do que para restaurar a integridade do corpo. O segredo que impõe visa evitar uma falsa interpretação. Aliás, para os judeus, os milagres não eram uma marca especial do Messias; um profeta também os podia fazer. Quanto ao Messias, esperava-se dele algo mais grandioso.

No entanto, apesar das muitas tentativas de esconder sua identidade das multidões, ela simplesmente não podia ser escondida. Marcos conta que, quanto mais ele ordenasse não contar a ninguém sobre ele, mais excessivamente as pessoas o proclamavam[284]. Independentemente disso, mesmo no momento em que a identidade messiânica de Jesus é imaginada pela primeira vez por Simão Pedro em sua confissão dramática fora de Cesareia de Filipe[285] – de fato, até mesmo quando a sua identidade é espetacularmente revelada por Deus na montanha –, Jesus ainda comanda seus discípulos a fazerem sigilo, severamente ordenando a eles que não contem a ninguém o que Pedro confessou[286] e proibindo as três testemunhas de sua transfiguração de dizer uma palavra sobre o que viram[287].

É provável que o segredo messiânico possa ser atribuído ao Jesus histórico, embora esse segredo pareça mais valorizado no *Evangelho de Marcos*, e mais reservado nos textos de Mateus e Lucas. Por exemplo, enquanto o relato de Marcos sobre a resposta de Simão Pedro termina com Jesus sem aceitar nem rejeitar o título, mas simplesmente ordenando aos discípulos para não contarem a ninguém sobre ele, o relato de Mateus sobre a mesma história, que tomou forma vinte anos depois, termina com Jesus respondendo a Pedro com uma retumbante confirmação de sua identidade messiânica[288].

Em Marcos, o momento milagroso no topo da montanha termina sem comentário de Jesus, apenas um lembrete firme para não contarem a ninguém o que tinha

---

284. Marcos 7:36.
285. Mateus 16:13-20, Marcos 8:27-30 e Lucas 9:18-20.
286. Marcos 8:30.
287. Marcos 9:9.
288. Mateus 16:17.

acontecido. Mas em Mateus a transfiguração termina com um longo discurso de Jesus no qual ele identifica João Batista como Elias renascido (ou reencarnado), assim explicitamente reivindicando para si mesmo – como uma espécie de sucessor de João/Elias –, o manto de Messias[289]. E, no entanto, mesmo Mateus e Lucas concluem tanto a revelação de Pedro quanto a transfiguração com observações rigorosas de Jesus para – nas palavras de Mateus – não dizer a ninguém que ele era o Messias[290].

---

289. Mateus 17:9-13.
290. Mateus 16:20.

# Jesus, Messias?

COMO JÁ FOI dito anteriormente, os evangelhos não são sobre a história de um homem conhecido como Jesus de Nazaré, que viveu há 2 mil anos, mas sobre um Messias que os seus autores viam como um ser eterno sentado à direita de Deus.

Os judeus do século I, que escreveram sobre Jesus, tinham uma opinião sobre ele e construíram argumentos teológicos focando a natureza e a função de Jesus *como Cristo*, e não compondo uma biografia histórica sobre um ser humano.

Ainda assim, não há nenhuma dúvida sobre as discordâncias que existem nos evangelhos entre a forma como os primeiros cristãos – a Igreja primitiva – viam Jesus e a imagem que Jesus queria passar.

Obviamente, os discípulos que seguiram Jesus viam-no como o Messias, tanto durante a sua vida como imediatamente após a sua morte. Mas não se deve esquecer que as expectativas messiânicas não eram absolutamente definidas de modo uniforme na Palestina do século I. Mesmo os judeus que concordavam que Jesus era o Messias não concordavam com o que realmente isso significava. Quando vasculhavam o punhado de profecias das escrituras, eles descobriam um elenco confuso, muitas vezes contraditório, de pontos de vista e opiniões sobre a missão e a identidade do Messias.

Segundo o punhado de descrições que havia, ele seria um profeta que inauguraria o Fim dos Dias[291]; liberaria os judeus da escravidão[292] e seria um pretendente que iria recriar o Reino de Davi[293].

As descrições são tão imprecisas, que, na Palestina do século I, quase todos os que pretendessem o manto de Messias poderiam caber perfeitamente em um desses paradigmas. João Batista, por exemplo, poderia não ter assumido abertamente quaisquer ambições messiânicas, mas suas profecias sobre o fim dos tempos e a vinda do julgamento de Deus claramente se adaptavam ao arquétipo de profeta-messias presente tanto nas escrituras hebraicas como nas tradições rabínicas e nos comentários conhecidos como o *Targum*.

E, na verdade, Jesus não se adaptava a qualquer dos paradigmas messiânicos oferecidos pela *Bíblia Hebraica*, nem cumpria uma única exigência que fosse esperada do Messias. Jesus falou sobre muitos acontecimentos futuros, inclusive sobre o fim dos tempos, e muito do que previu ainda não se sucedeu. O mundo ainda não acabou – que na visão espírita quer dizer que, o mundo

---

291. Daniel 7:13-14; Jeremias 31:31-34.
292. Deuteronômio 18:15-19; Isaías 49:1-7.
293. Miqueias 5:1-5; Zacarias 9:1-10.

de expiação e provas ainda não acabou, dando lugar ao mundo regenerador.

De acordo com os parâmetros do culto judaico e das escrituras hebraicas, Jesus foi tão bem-sucedido em suas aspirações messiânicas quanto qualquer um dos outros pretensos messias.

A Igreja primitiva, obviamente, reconheceu esse dilema e, por fim, entendeu que o problema não era com Jesus, mas com os parâmetros messiânicos, ou como eles estavam sendo interpretados. Que esses não estavam bem estabelecidos.

Combinando as diferentes representações de messias encontradas na *Bíblia* hebraica, Jesus parecia transcender qualquer modelo ou expectativa messiânica particular, crescendo acima de qualquer expectativa messiânica que havia. Como a transfiguração provava, Jesus era maior do que o profeta Elias, maior do que o legislador Moisés e ainda maior do que o rei Davi. Pode ter sido assim que a Igreja primitiva entendeu a identidade de Jesus.

No entanto, Jesus parecia ter uma imagem um tanto diferente de si mesmo. Afinal, em todo o *Evangelho de Marcos* não existe uma única declaração messiânica definitiva do próprio Jesus, nem mesmo no final, quando ele está diante do sumo sacerdote Caifás e, um tanto passivamente, aceita o título que outros continuam lhe impingindo[294].

O mesmo é verdadeiro para o material da *Fonte Q*,

---

294. Marcos 14:62.

que também não contém uma única declaração messiânica feita por Jesus. Jesus pareceu relutante em assumir as múltiplas expectativas que os judeus tinham do Messias. Talvez ele rejeitasse totalmente a designação. De qualquer maneira, o fato é que, especialmente em Marcos, cada vez que alguém tenta atribuir o título de Messias a ele – seja um espírito ou um suplicante, um dos discípulos ou até mesmo o próprio Deus –, Jesus não leva muito em consideração ou aceita-o com uma ressalva.

Seja de que maneira Jesus designava sua missão e identidade, o que as evidências sugerem é que, por algum motivo, Jesus de Nazaré não se referia abertamente a si mesmo como Messias. Nem, aliás, Jesus chamava a si mesmo de "Filho de Deus", outro título que as pessoas parecem ter atribuído a ele.

# Jesus, Filho de Deus ou Filho do Homem?

AO CONTRÁRIO DO que muitos cristãos imaginam, o título Filho de Deus não era uma descrição da relação filial de Jesus com Deus, mas sim, a designação tradicional, para os reis de Israel. Numerosas figuras são chamadas de Filho de Deus na *Bíblia*, nenhuma delas mais frequentemente do que Davi, o maior dos reis[295].

Ao contrário, quando se referia a si mesmo, Jesus usava um título completamente diferente, tão enigmático e único que, há séculos, os estudiosos tentam desesperadamente descobrir o que ele poderia ter querido dizer com isso. Jesus chamava a si mesmo de "o Filho do Homem". A expressão aparece umas oitenta vezes no *Novo Testamento*, e apenas uma vez – em uma passagem positivamente operística no livro de *Atos* – ela ocorre nos lábios de outra pessoa que não Jesus.

Nessa passagem, um seguidor de Jesus chamado Estêvão está prestes a ser apedrejado até a morte por pro-

---

295. 2 Samuel 7:14; Salmos 2:7, 89:26; Isaías 42:1.

clamar que Jesus é o Messias prometido. Com uma multidão de judeus enfurecidos a cercá-lo, Estêvão tem uma súbita visão, arrebatadora, em que ele olha para o céu e vê Jesus. Estêvão então diz que "o Filho do Homem está à direita de Deus"[296]. Essas são as últimas palavras que o protomártir do cristianismo pronuncia antes que as pedras comecem a voar. O uso do título por Estêvão, claramente como uma fórmula já marcada, é a prova de que os cristãos, de fato, se referiam a Jesus como o "Filho do Homem" após sua morte.

A expressão "Filho do Homem", em aramaico – a língua-mãe de Jesus –, "Filho de Adão", é utilizada comumente no judaísmo e no idioma hebraico em geral para denotar um ser humano, uma pessoa; o plural é utilizado para humanidade. Pode-se argumentar que essa também é a forma como Jesus usou o termo – como um termo comum hebraico/aramaico para dizer "homem" ou "humano". O sentido idiomático certamente está presente em algumas das primeiras menções a "Filho do Homem" encontradas na *Fonte Q* e nos evangelhos[297].

Talvez Jesus propositalmente tenha utilizado a expressão para enfatizar sua humanidade, supondo-se, talvez, que as pessoas do tempo de Jesus precisassem ser esclarecidas de que ele era, na verdade, "apenas um ser humano" ou "apenas um homem", como se disso houvesse alguma dúvida em meio a tantas indefinições sobre sua origem e sua identidade, se o Messias, se Elias,

---

296. Atos 7:56.
297. Mateus 8:20, 12:32; Lucas 9:58, 12:10.

se João Batista, se o Filho de Deus e futuro rei. Seria uma forma de evitar rótulos incoerentes ou imprecisos.

De qualquer forma, há uma passagem em particular, que ocorre perto do fim da vida de Jesus, que pode esclarecer seu modo de pensar. De acordo com os evangelhos, Jesus foi arrastado perante o Sinédrio para responder às acusações feitas contra ele. À medida que, um após o outro, os principais sacerdotes, anciãos e escribas o acusavam, Jesus permanecia impassível, em silêncio e sem resposta. Finalmente, o sumo sacerdote Caifás se levanta e pergunta a Jesus diretamente se ele era o Messias.

É aqui, no final da viagem, iniciada nas margens sagradas do Rio Jordão, que o segredo messiânico é finalmente desfeito e a verdadeira natureza de Jesus revelada: "Eu sou" – Jesus responde.

Mas logo em seguida a essa declaração, que é a mais clara e concisa de Jesus sobre sua identidade messiânica, é acrescida outra quando ele afirma a Caifás que o Filho do Homem estará assentado à direita de Deus, sobre as nuvens do céu[298], que é, na verdade, a junção de duas passagens bíblicas mais antigas[299].

Essa não é a primeira vez que Jesus desvia a declaração de alguém sobre sua identidade como Messias identificando-se como o Filho do Homem. Depois da confissão de Pedro, perto de Cesareia de Filipe, Jesus primeiro o silencia, e, em seguida, passa a descrever como o "Filho do Homem deve sofrer e ser rejeitado an-

---

298. Marcos 14:62.
299. Salmos 110:1 e Daniel 7:13.

tes de ser morto e ressuscitar três dias depois"[300]. Após a transfiguração no Tabor, Jesus faz com que os discípulos jurem sigilo, mas apenas até que "o Filho do Homem seja ressuscitado dentre os mortos"[301]. Talvez a imagem que Jesus achasse mais adequada a repassar adiante fosse essa, atrelada às passagens do livro de *Daniel*, sobre o Filho do Homem. Mesmo porque, o Filho do Homem em Daniel não é descrito como Messias, mas como *rei* – aquele que vai governar em nome de Deus sobre todos os povos da Terra.

E talvez fosse isso mesmo que Jesus quisesse dizer. O certo é que ele falou muitas vezes sobre as características do Filho do Homem, como sendo poderoso[302], mas sofredor[303]; presente na Terra[304], porém virá no futuro[305]; rejeitado pelos homens[306], mas que irá julgá-los[307]; ao mesmo tempo governante[308] e servo[309]. Afirmações bastante consistentes com a forma como Jesus descreveu o Reino de Deus.

Na verdade, as duas ideias – o Filho do Homem e o Reino de Deus – são muitas vezes ligadas entre si nos evangelhos, como se representando um único e mesmo

---

300. Marcos 8:31.
301. Marcos 9:9.
302. Marcos 14:62.
303. Marcos 13:26.
304. Marcos 2:10.
305. Marcos 8:38.
306. Marcos 10:33.
307. Marcos 14:62.
308. Marcos 8:38.
309. Marcos 10:45.

conceito. Ambas são descritas em termos muito seme-lhantes. Marcos escreve[310]: "Digo-lhes, há aqueles aqui que não provarão a morte até que vejam o Reino de Deus chegar com poder". Mateus escreve[311]: "Digo-lhes, há aqueles de pé aqui que não provarão a morte até que vejam o Filho do Homem *vir para seu reino*".

Ao substituir um termo pelo outro, fica claro que o reino pertencente ao Filho do Homem é o mesmo que o Reino de Deus. E, uma vez que o Reino de Deus é cons-truído sobre uma inversão completa da presente ordem, na qual os pobres se tornam ricos e os humildes tornam--se poderosos, que melhor rei para o governar em nome de Deus do que um rei invertido, digamos assim, do que o senso comum considera um monarca?

Um rei camponês. Um rei sem lugar para reclinar a cabeça. Um rei que veio para servir, não para ser ser-vido. Um rei montado em um jumento. Quando Jesus chama a si mesmo de Filho do Homem, usando a des-crição de Daniel como um título, ele está buscando uma forma de falar sobre sua identidade e a sua missão de uma forma que as pessoas pudessem entender, mas sem muito apego a rótulos clássicos que o engessariam em padrões. Tarefa extremamente difícil, pois confrontava a expectativa do povo com uma realidade muito diferente do esperado.

Jesus estava dizendo, mesmo que de forma propo-sitalmente enigmática, que o seu papel não era apenas

---

310. Marcos 9:1.
311. Mateus 16:28.

o de inaugurar o Reino de Deus por meio de suas ações – seu papel era o de governar aquele reino em nome de Deus.

Reconhecendo o perigo óbvio de suas ações, Jesus tentou conter todas as declarações que o definiam como Messias, optando, ao invés disso, por um título menos específico e mais sujeito a interpretações: "o Filho do Homem". O segredo messiânico nasceu justamente da tensão que surge do desejo de Jesus de promover a identidade de "o Filho do Homem" acima do título messiânico dado a ele por seus seguidores ou imaginado pelo povo.

E, embora não tendo sido coroado, na festa do *Pessach* – a comemoração da libertação de Israel do domínio pagão –, Jesus pôde entrar em Jerusalém com uma multidão de louvadores agitando ramos de palmeira, declarando sua vitória sobre os inimigos de Deus, lançando seus mantos sobre a estrada diante dele, gritando hosanas e chamando-o de rei[312].

---

312. Mateus 21:9; Marcos 11:9-10; Lucas 19:38.

# Momentos derradeiros

Enquanto Jesus orava, eles chegam para buscá-lo: uma multidão desordenada empunhando espadas, tochas e bastões de madeira, enviada pelos principais sacerdotes e anciãos para prendê-lo no Jardim do Getsêmani. A multidão não é inesperada. Jesus havia advertido seus discípulos de que viriam atrás dele.

E o grupo de captura sabia exatamente onde encontrá-los: foram avisados por um dos doze apóstolos, Judas Iscariotes, que conhecia a localização e pôde facilmente identificar Jesus. Os discípulos são forçados a abandonar o Mestre e fugir na noite, enquanto Jesus é pego, amarrado e arrastado de volta à cidade para enfrentar seus acusadores[313].

Eles o levam ao pátio do sumo sacerdote Caifás, onde os principais sacerdotes, escribas e anciãos – a totalidade do Sinédrio – estão reunidos. Lá, eles o interrogam sobre as ameaças que fez ao Templo, usando suas próprias palavras contra ele, de que iria derrubar o Templo[314]. Essa é uma

---

313. Mateus 26:47-56; Marcos 14:43-49; Lucas 22:47-53; João 18:1-11.
314. João 2:19.

acusação grave. O Templo é a principal instituição cívica e religiosa dos judeus, a única fonte do culto judaico. Mesmo a menor ameaça ao Templo despertaria imediatamente a atenção das autoridades sacerdotais e romanas.

Jesus, no entanto, recusa-se a responder às acusações levantadas contra ele, provavelmente porque não há uma resposta a ser dada. Afinal de contas, ele ameaçou pública e repetidamente o Templo de Jerusalém, prometendo que tudo seria derrubado[315]. Nos poucos dias que Jesus estivera em Jerusalém, havia causado o que foi considerado um tumulto no Pátio dos Gentios, interrompendo as transações financeiras do Templo; ofereceu uma alternativa ao caro sacrifício de sangue e carne comandado pelo Templo com curas e "exorcismos" gratuitos; durante três anos, ele ameaçou a primazia e o poder do sacerdócio do Templo; condenou escribas e anciãos como uma "raça de víboras" e prometeu que o Reino de Deus iria mudar a ordem atual e a remoção do poder de cada pessoa que estava então no papel de julgá-lo.

Pela manhã, Jesus foi novamente amarrado e escoltado através das ásperas muralhas de pedra da Fortaleza Antônia para comparecer diante de Pôncio Pilatos. Como governador, a principal responsabilidade de Pilatos em Jerusalém era manter a ordem em nome do imperador. A única razão pela qual um camponês judeu comum seria trazido diante dele é se tivesse prejudicado essa ordem. Caso contrário, não haveria audiência, nem perguntas, nem necessidade de defesa.

Não é, naturalmente, inconcebível que a Jesus tivesse

---

315. Marcos 13:2.

sido concedida uma breve audiência com o governador romano; porém, mais uma vez, somente se a magnitude de seu crime justificasse uma atenção especial. Jesus não era um simples encrenqueiro, afinal. Sua entrada provocatória em Jerusalém, seguido por uma multidão de devotos a declará-lo rei, seu ato de perturbação da ordem pública no Templo, o tamanho da tropa que marchou para o Getsêmani para prendê-lo, tudo isso indica que as autoridades viam Jesus de Nazaré como uma séria ameaça à estabilidade e à ordem da Judeia. Tal "criminoso" muito provavelmente teria sido considerado digno da atenção de Pilatos.

O julgamento de Jesus é fonte de intermináveis discussões históricas sobre sua veracidade, bem como o papel de Pilatos em toda a trama. No entanto, uma coisa é certa: este foi o momento final no ministério de Jesus, o fim de uma jornada que havia começado três anos antes, às margens do Rio Jordão. No *Evangelho de Marcos*, Jesus volta a falar apenas mais uma vez depois da audiência com Pilatos. Esse momento é quando está se contorcendo na cruz, recitando o Salmo 22: "Meu Deus, meu Deus, por que me abandonaste[316]?"

No entanto, na narrativa da história por Marcos, acontece algo entre o julgamento de Jesus perante Pilatos e sua morte na cruz que é tão incrível, tão obviamente artificial, que lança suspeita sobre todo o episódio que levou à crucificação de Jesus. Pilatos, depois de ter questionado Jesus e tê-lo julgado inocente de todas as acusações, apresenta-o aos judeus, juntamente com um bandido chamado Bar Abbas, acusado de assassinar

---

316. Marcos 15:34.

guardas romanos durante uma insurreição no Templo.

De acordo com Marcos, era um costume do governador romano, durante a festa do *Pessach*, liberar um prisioneiro para os judeus, qualquer um que eles pedissem. Quando Pilatos perguntou à multidão que prisioneiro ela gostaria de ver libertado – Jesus, o pregador e traidor de Roma, ou Bar Abbas, o rebelde e assassino –, a multidão exige a libertação do rebelde e a crucificação do pregador. E quando Pilatos questiona a massa, aflito com a ideia de ter que mandar um camponês judeu inocente à morte, a multidão grita ainda mais alto, pedindo a morte de Jesus[317].

O relato de Marcos é tão dramático que lança suspeitas sobre tal passagem, ainda mais que esse tipo de atitude durante o Pessach não consta em nenhum registro histórico. Mas precisamos entender o fato de que Marcos residia em Roma, escrevia para um público romano e seu relato sobre a vida e a morte de Jesus, provavelmente feito após a revolta judaica ter sido esmagada e Jerusalém destruída. Assim, talvez, ele tivesse a intenção de "elaborar um pouco melhor" o relato da condenação de Jesus, dando-lhe maiores significados.

Esse é o momento em que o preço deve ser pago por tudo o que Jesus disse e fez ao longo dos últimos três anos: os ataques contra as autoridades sacerdotais, a condenação da ocupação romana, as reivindicações de autoridade real. Tudo isso levou àquele momento inevitável de julgamento, bem como Jesus disse que aconteceria. A partir dali, era a cruz e o túmulo. E, no entanto, talvez nenhum

---

317. Marcos 15:1-20.

outro momento na breve vida de Jesus seja mais opaco e inacessível para os estudiosos do que esse.

Isso tem a ver, em parte, com o modo como a sequência básica de eventos que ocorreram no final da vida de Jesus foi registrada: a Última Ceia; a Traição de Judas Iscariotes; a Prisão no Getsêmani; a Presença diante do sumo sacerdote e de Pilatos; a Crucificação e o Enterro; a Ressurreição três dias depois.

Essa sequência de eventos foi claramente projetada para fins litúrgicos, encadeando-se momentos especiais. Era um meio didático de os primeiros cristãos reviverem os últimos dias de seu Messias por meio de rituais – por exemplo, compartilhando a mesma refeição que ele compartilhou com seus discípulos, rezando as mesmas orações por ele oferecidas no Getsêmani e assim por diante.

No final, o que importava era a Cristologia, não a história exata. Portanto, naturalmente alguns acontecimentos foram supervalorizados enquanto outros omitidos. A intenção dos evangelistas não era revelar a história real, mas contar uma história específica, a partir dos fatos reais, de modo a não deixar dúvidas sobre como interpretar os acontecimentos.

O único meio que o leitor moderno tem à disposição para tentar recuperar alguma aparência de precisão histórica nas narrativas da paixão é tirar lentamente as camadas teológicas sobrepostas pelos evangelistas aos dias finais de Jesus e voltar para a versão mais primitiva da história, que pode ser escavada a partir dos evangelhos. E a única maneira de fazer isso é começar pelo fim da história, com Jesus pregado numa cruz.

# POR QUE CRUCIFICAÇÃO?

A CRUCIFICAÇÃO ERA uma forma comum de execução na Antiguidade, usada por persas, indianos, assírios, citas, romanos e gregos. Mesmo os judeus praticavam a crucificação, sendo essa punição mencionada várias vezes em fontes rabínicas.

A razão para que crucificação fosse tão comum é que ela era muito barata. Podia ser realizada em praticamente qualquer lugar, necessitando-se apenas de uma árvore. A tortura poderia durar dias, sem a necessidade de um torturador. O procedimento da crucificação, o modo como a vítima seria pendurada, era deixado completamente por conta do carrasco. As vítimas podiam ser pregadas de cabeça para baixo, ter partes do corpo empaladas, ser encapuzadas ou desnudadas. E isso valia para homens, mulheres ou crianças.

Sim, caro leitor, era uma prática extremamente humilhante e cruel, a ponto de ser quase inconcebível para nossa mente civilizada de cidadãos do século XXI.

Foi Roma que tornou essa prática uma forma convencional de punição do Estado, criando certa uniformidade no processo, especialmente quando se tratava de pregar as mãos e os pés a uma viga. Entre os cidadãos, a palavra *cruz* tornou-se uma provocação popular e particularmente vulgar, semelhante a "vá se enforcar".

No entanto, a crucificação não era bem uma pena de morte, pois normalmente a vítima era executada primeiro e só depois pregada a uma cruz. O objetivo da crucificação não era exatamente matar o criminoso, mas servir como forma de dissuasão, um exemplo, para outros que quisessem desafiar o Estado.

Por essa razão, as crucificações eram sempre realizadas em público – nas encruzilhadas, nos teatros, nos morros ou em terreno alto –, em qualquer lugar onde a população não tivesse escolha senão testemunhar a cena macabra. O criminoso era sempre deixado pendurado por muito tempo após a morte; os crucificados quase nunca eram enterrados. Afinal, o ponto principal da crucificação era humilhar a vítima e assustar as testemunhas, com o cadáver deixado pendurado para ser comido por cães e bicado até os ossos por aves de rapina. Os ossos seriam então jogados em uma pilha de lixo, que é como o Gólgota, o lugar da crucificação de Jesus, cujo nome significa *o local de crânios*.

Como já o dissemos, era uma prática horrenda, e atualmente quase inacessível ao nosso entendimento. Quem se imaginaria indo ao cinema num domingo à tarde com os filhos e, no caminho, dentro do carro, em uma movimentada rua, passar por algumas cruzes onde estariam pregados cadáveres – alguns nus, outros vestidos, porém apodrecidos e malcheirosos – cheios de urubus em torno?

Simplificando, a crucificação, para Roma, era mais do que uma pena de morte – era um lembrete público do que acontecia quando se desafiava o Império. Por isso, era reservada exclusivamente para os crimes políticos mais radicais: traição, rebelião, sedição, banditismo.

Se a única coisa que soubéssemos sobre Jesus de Nazaré era que foi crucificado por Roma, isso já nos daria boas pistas sobre quem ele poderia ter sido e por que acabou pregado na cruz. Seu crime, aos olhos de Roma, era evidente. Foi gravado em uma placa e colocado acima de sua cabeça para que todos pudessem ver: *Jesus de Nazaré, Rei dos Judeus*[318]. Segundo Roma, seu crime foi ousar assumir ambições régias.

Os evangelhos atestam que Jesus foi crucificado ao lado de outros "bandidos e revolucionários", exatamente como ele, pelo crime de sedição.

No entanto, mesmo que se apontem todas as violações citadas, um aspecto muito curioso do julgamento do Sinédrio é o seu veredito. Quando o sumo sacerdote perguntou a Jesus sobre suas ambições messiânicas e considerou a resposta que recebeu como uma blasfêmia, então a *Torá* não poderia ser mais clara sobre a punição: Apedrejamento até a morte[319].

Esse, por exemplo, foi o castigo infligido a Estêvão por sua blasfêmia quando ele chama Jesus de Filho do

---

318. INRI, o que estava escrito na placa, é o acrônimo da frase em latim: Iēsus Nazarēnus, Rēx Iūdaeōrum cuja tradução é "Jesus Nazareno (ou, de Nazaré), Rei dos Judeus".
319. Levítico 24:16.

Homem[320]. Estêvão não é transferido para as autoridades romanas para responder por seu crime; ele foi apedrejado até a morte no local.

Mas não se pode perder de vista o fato de que Jesus não foi apedrejado até a morte pelos judeus por blasfêmia, mas foi crucificado por Roma por sedição. E esse fato corrobora a favor da história do julgamento de Jesus perante Pilatos e do julgamento do Sinédrio.

As autoridades judaicas prenderam Jesus porque o viam como uma ameaça tanto ao controle do Templo quanto à ordem social de Jerusalém que, segundo o acordo com Roma, eles eram responsáveis por manter. Como as autoridades judaicas tecnicamente não tinham jurisdição em casos de pena capital, elas entregaram Jesus aos romanos para responder por seus ensinamentos sediciosos.

A relação pessoal entre Pilatos e Caifás pode ter facilitado a transferência, mas as autoridades romanas certamente não precisavam ser convencidas a levar à morte mais um encrenqueiro judeu. Pilatos tratou Jesus da maneira como lidava com todas as ameaças à ordem social: mandou-o para a cruz.

Era *Pessach*, sempre um momento de aumento das tensões em Jerusalém. A cidade estava transbordando de peregrinos. Qualquer sinal de problema deveria ser imediatamente resolvido. E Jesus foi considerado um problema.

Com seu crime registrado no diário de Pilatos, Jesus provavelmente foi guiado até a Fortaleza Antônia e levado para o pátio, amarrado a uma estaca e barbaramente açoitado, como era o costume para todos os con-

---

320. Atos 7:1-60.

denados à cruz. Os romanos colocaram então uma viga atrás de sua nuca e enfiaram seus braços sobre ela, por trás – de novo, como era o costume –, para que o messias que havia prometido remover o jugo da ocupação dos pescoços dos judeus estivesse ele próprio atrelado como um animal levado ao matadouro.

Como era o caso de todos os condenados à crucificação, Jesus teria sido forçado a levar a trave da própria cruz para uma colina situada fora das muralhas de Jerusalém, junto à estrada que levava aos portões da cidade – talvez o mesmo caminho que ele tinha feito alguns dias antes, ao entrar na cidade e ser recebido como um rei. Dessa forma, cada peregrino que entrasse em Jerusalém para as festividades sagradas não teria outra escolha senão testemunhar seu sofrimento, para ser lembrado do que acontecia com aqueles que desafiavam o governo de Roma.

A trave foi anexada a um andaime ou poste, os pulsos e tornozelos de Jesus foram pregados na estrutura com três pregos de ferro. Um impulso e a cruz seria colocada na posição vertical. A morte não demorou muito.

Em poucas horas, os pulmões de Jesus se cansaram, e a respiração acabou por se tornar impossível de ser mantida. É assim que, em uma colina sem árvores, coberta de cruzes, acossado pelos gritos e gemidos de centenas de criminosos agonizantes, com um bando de corvos circulando ansiosamente sobre sua cabeça, esperando por seu último suspiro, o messias conhecido como Jesus de Nazaré teve o mesmo fim ignominioso de tantos outros que vieram antes ou depois dele. Só que, ao contrário dos outros, esse não seria esquecido.

# Ressurreição

Talvez o fim de Jesus fosse rápido e passasse despercebido por todos, não fosse por um grupo de discípulos que estavam chorando ao pé do morro, olhando para seu Mestre aleijado e mutilado. Se fossem apenas homens comuns, provavelmente teriam se dispersado ao primeiro sinal de problemas no Getsêmani.

A morte de um criminoso de Estado pendurado em uma cruz no Gólgota era um evento trágico, mas banal. No entanto, Jesus não era um criminoso comum, não para os evangelistas que compuseram a narrativa de seus momentos finais. Ele era o agente de Deus na Terra. Sua morte não poderia, concebivelmente, ter passado despercebida, fosse pelo governador romano que o mandou para a cruz, fosse pelo sumo sacerdote que o entregou para morrer. E assim, quando Jesus submeteu sua alma ao céu, no momento exato de seu último suspiro, os evangelhos dizem que o véu do Templo que separava o altar do Santo dos Santos foi violentamente rasgado em dois, de cima a baixo[321].

---

321. Mateus 27:50-51.

O rompimento do véu do Templo tornou-se um símbolo mais poderoso do que a morte de Jesus significou, décadas depois, para os homens e mulheres que refletiram sobre ela. O sacrifício de Jesus pareceu remover a barreira entre a humanidade e Deus. O véu – do Templo – que separava a presença divina do resto do mundo tinha sido rasgado. Por meio da morte de Jesus, todos poderiam agora acessar a Deus, sem ritual ou mediação sacerdotal. De repente, o próprio Templo parecia tornar-se irrelevante.

No entanto, para os discípulos que permaneceram em Jerusalém depois da crucificação, o Templo e o sacerdócio ainda eram uma forte realidade. O véu que pendia diante do Santo dos Santos continuava evidente para todos. O sumo sacerdote e sua corte ainda controlavam o Monte do Templo. Os soldados de Pilatos ainda percorriam as ruas de pedra de Jerusalém. Nada havia mudado muito. O mundo permanecia essencialmente como era antes que seu Messias lhe tivesse sido tirado.

Os discípulos enfrentaram uma profunda prova de fé após a morte de Jesus. A crucificação parecia marcar o fim do sonho de derrubar o sistema existente.

O Reino de Deus ainda seria estabelecido na Terra como Jesus havia prometido? Os humildes e os pobres trocariam de lugar com os ricos e poderosos? A ocupação romana seria derrubada?

Tal como acontecera com os seguidores de todos os outros candidatos a messias que o Império tinha matado, não havia nada mais para os discípulos de Jesus fazer senão abandonar a causa, renunciar às suas atividades revolucionárias e voltar para suas fazendas e aldeias.

Então, Jesus ressuscitou.

Da mesma forma que se narram histórias de aparições de espíritos, o fato de o próprio Jesus ter aparecido após a própria morte comprova que o corpo morre, mas o espírito vive, tendo ele se manifestado em várias ocasiões, para Maria Madalena[322], Cléofas[323], os apóstolos[324], a Tomé[325].

Todos os evangelistas narram as aparições de Jesus, após sua morte, com tantos pormenores que não deixam dúvida sobre o fato. Aliás, tais aparições se explicam perfeitamente pelas leis fluídicas e pelas propriedades do perispírito. E nada de estranho há nisso. Lendo atentamente as passagens evangélicas, observa-se claramente uma mudança no modo como Jesus se apresenta e até na relação dos discípulos para com ele: aparece de repente e do mesmo modo desaparece; uns o veem, outros não, sob aparências irreconhecíveis aos próprios discípulos; mostra-se em recintos fechados, onde um encarnado não poderia penetrar, e sua própria linguagem carece da vivacidade comum a um homem carnal, falando em tom breve e sentencioso, peculiar aos espíritos que se manifestam dessa maneira.

As atitudes de Jesus denotam algo estranho ao senso comum, sua presença causa surpresa e medo e, ao vê-lo, seus discípulos não lhe falam com a mesma liberdade de antes, como se sentissem que ele não é mais um homem encarnado.

---

322. João, 20:11 a 18.
323. Lucas 24:13- 49.
324. Lucas 24:50-53; João 21:1-8.
325. João 20:24-29.

Jesus, portanto, se mostrou com o seu corpo peris-pirítico, o que explica que só o viram quem ele quis. A classificação de Jesus como "ressuscitado" pareceu a to-dos os apóstolos a melhor designação para o fenômeno, já que não havia, à época, estudos a respeito desse tipo de manifestação.

No entanto, um outro fator que levou à crença na ressurreição física de Jesus foi o fato de seu corpo ter desaparecido do túmulo. O fato gera polêmica até hoje, e enquanto uns atestam o desaparecimento como fruto de um "milagre", outros, mais racionais, argumentam a favor de que o cadáver possa ter sido roubado indevi-damente – provavelmente devido à passagem em que os guardas do túmulo de Jesus foram subornados pelos sacerdotes para dizer que os discípulos haviam roubado o corpo enquanto dormiam[326].

Estudiosos dos fenômenos espíritas, como Rous-taing[327], chegaram a teorizar, no século XIX, que Jesus

---

326. Mateus 28:1-15.
327. Jean-Baptiste Roustaing, advogado, jurisconsulto, bastonário da Or-dem do Advogados de Bordeaux e autor de diversos trabalhos jurí-dicos. Espírita francês e contemporâneo de Allan Kardec, foi o coor-denador da polêmica obra *Les Quatre Évangeles – Spiritisme Chrétien ou Révélation de la Révélation*, obra psicografada pela médium belga Émi-lie Collignon, fora dos métodos kardequianos da época e que punha em xeque a própria codificação. No entanto, há de se entender que as ideias de Roustaing acabaram por ganhar muita força. Muitos estudio-sos das questões espíritas sustentam a visão de que o fato de o espiritis-mo em terras brasileiras ter adquirido um caráter muito mais religioso, assistencialista e caritativo do que filosófico ou científico (este quase inexistente) descendem diretamente de uma visão "roustaingnista" do espiritismo, implantado através da própria FEB – Federação Espírita Brasileira, sobretudo a partir da administração de Bezerra de Menezes, ainda no século XIX. Essa questão voltou aos focos de discussão espí-

fosse um agênere[328], ou seja, um espírito materializado utilizando de um corpo totalmente fluídico, durante toda sua vida, hipótese possível, mas extremamente improvável.

Portanto, esse é um daqueles mistérios que talvez nunca sejam respondidos, como tantos que ficaram cobertos pela areia do tempo. E, se para o entendimento do espírita, o retorno de Jesus ao convívio comum como espírito materializado é algo perfeitamente normal, a ressurreição de Jesus é um tema dificílimo para o historiador discutir, no mínimo porque sai do âmbito de qualquer exame do Jesus histórico.

Obviamente, para o cético, a noção de um homem sofrer uma morte horrível e voltar à vida três dias depois desafia toda lógica, razão e sentido.

No entanto, diante das análises de Allan Kardec, existem fatos a se considerar: todos aqueles que afirmaram ter testemunhado Jesus ressuscitado, mantiveram seu testemunho até o fim, mesmo sob ameaças, prisões, maus-tratos e torturas.

Paulo – o ex-fariseu que se tornaria o mais influente intérprete da mensagem de Jesus – escreve sobre a ressurreição em uma carta endereçada à comunidade cristã na cidade grega de Corinto, por volta de 50 d.C., onde

---

rita em 2019, quando a FEB, atualizando seu estatuto, retirou qualquer menção à importância do estudo do trabalho de Roustaing. Acrescentamos, contudo, que nosso objetivo não é definir opiniões, mas fomentar reflexões e debates, sobretudo incentivando o espírita a participar das discussões atuais envolvendo esses e tantos outros assuntos contemporâneos ligados à doutrina.

328. *O Livro dos Médiuns*, de Allan Kardec, Cap. 7.

diz que Jesus havia ressuscitado, tendo sido visto por Cefas[329], pelos doze apóstolos, por mais de quinhentos irmãos de uma só vez – muitos dos quais ainda vivos àquela época –; depois disso, por seu irmão Tiago, e por último, pelo próprio Paulo[330].

As palavras de Paulo são um misto de testemunhos "reais" – dele e outros que afirmaram ter visto o retorno de Cristo à vida – e registros escritos, que formam um dos primeiros atestados de fé da comunidade cristã. Mas, apesar das repercussões históricas, o evento em si está fora do âmbito da História e dentro do reino da fé.

É, de fato, a base onde reside a fé cristã, pois, segundo Paulo, na mesma carta aos coríntios, sem a ressurreição do Cristo, a pregação cristã torna-se vazia, e a fé vã[331]. Sem a ressurreição, os três anos de árduos trabalhos empreendidos por Jesus e seus discípulos – as curas, as parábolas, os ensinamentos, os exemplos de vida – teriam sido lacrados no túmulo junto de seu corpo inerte. Mesmo porque não importava a qualidade ou relevância dos ensinos do Cristo – ou de qualquer outro homem, fosse candidato a messias, filósofo excepcional ou mesmo um super gênio que houvesse encarnado na Judeia –, a lei de Moisés, quanto a crucificação, era muito dura. Os crucificados eram considerados malditos perante Deus[332]. Sem a ressurreição, o legado do Cristo poderia ter sido considerado tabu, palavras "malditas" de um homem "maldito".

---

329. Simão Pedro.
330. 1 Coríntios 15:3-8.
331. 1 Coríntios 15:17.
332. Deuteronômio 21:23.

Mas Jesus não morreu. Sua "morte" foi apenas o prelúdio de uma evolução espiritual destinada a todos. A cruz não significaria mais maldição, ou um símbolo de fracasso; ela seria transformada em um símbolo de vitória.

Precisamente porque a alegação de ressurreição era tão absurda e única que uma realidade totalmente nova precisou ser construída para substituir a que havia desmoronado à sombra da cruz.

Durante séculos as religiões cristãs pregaram que Jesus havia retornado ao mundo em carne e osso, não só ressurreto, mas regenerado de todas as cicatrizes do martírio. Apenas no século XIX é que Allan Kardec pôde lançar luz nessa questão, ao pôr à prova os fenômenos e "milagres" produzidos por Jesus e descobrir que eram todos passíveis de serem realizados. Inclusive o retorno de uma pessoa do mundo dos mortos, por meio da materialização de seu espírito.

E várias perguntas puderam, então, ser respondidas sem o recurso da fé ou análises culturais, mas com o auxílio da ciência espírita. Lucas, por exemplo, narra que, após a ressurreição, Jesus foi capaz de comer peixe e pão[333]. E não devemos nos impressionar com essa passagem, já que Allan Kardec registrou a história de um jovem londrino, desencarnado, que, todavia, almoçou com os amigos, e lhes apertou a mão. E o espírito São Luiz esclarece que, da mesma forma que seu "corpo" era *apenas* uma materialização fluídica sólida, o alimento

---

333. Lucas 24:42-43.

que consumia também[334] era uma construção mental do mesmo tipo de matéria.

Por esse mesmo motivo o Jesus ressuscitado pôde oferecer as mãos e os pés para serem tocados como prova de que estava vivo[335].

Portanto, se para as demais instituições cristãs a ressurreição de Cristo é seu mais caro artigo de fé; para o espírita-cristão é uma realidade científica, um fenômeno que não só pôde ser observado como reproduzido.

Para os contemporâneos de Jesus, a ressurreição, por si só, pelo fenômeno que ela representava, não era motivo de escândalo nem controvérsias. O problema *real* era que a possibilidade de tal coisa não estava escrita em lugar algum: nem na lei de Moisés, na história dos profetas ou nos Salmos.

Em toda a história do pensamento judaico não há uma única linha de escritura dizendo que o Messias iria sofrer, morrer e ressuscitar depois. Não foi à toa que os seguidores de Jesus tiveram momentos tão difíceis convencendo seus companheiros judeus em Jerusalém a aceitar sua mensagem.

Para os judeus, as palavras "messias" e "crucificado" jamais caberiam na mesma frase. Até mesmo os discípulos reconheciam este problema. Jesus era o Messias da humanidade, mas não se encaixava no perfil do Messias esperado *pelos* judeus, *para* os judeus. Havia um abismo imenso entre a expectativa e a realidade.

---

334. *Revista Espírita*, fevereiro de 1859, Os Agêneres.
335. Lucas 24:36-39.

# PÓS-MORTE

POR ONDE CORRIA a notícia, chamava a atenção a surpreendente alegação, feita por vários judeus, de que, ao contrário de todos os outros criminosos crucificados por Roma, Jesus não tinha sido deixado na cruz para ter os ossos bicados pelos pássaros vorazes que eram vistos circulando sobre o Gólgota quando se entrava pelas portas de Jerusalém.

O cadáver desse camponês em particular – esse Jesus de Nazaré – tinha sido retirado da cruz e colocado em um extravagante túmulo talhado na rocha, apropriado para o mais rico dos homens na Judeia – José de Arimateia. Ainda mais notável era o fato de que, três dias depois de ter sido colocado no túmulo desse homem rico, esse camponês voltara à vida. Deus o ressuscitara, libertando-o das garras da morte.

O porta-voz do grupo, um pescador de Cafarnaum chamado Simão Pedro, jurou que tinha testemunhado essa ressurreição com os próprios olhos, assim como muitos outros entre eles: um indivíduo solitário, morto e enterrado na rocha por dias levantando-se de repente e saindo do túmulo por vontade própria, não como um espírito ou fantasma, mas como um homem de carne e osso.

O que os seguidores de Jesus afirmavam naquela época era inédito. Ideias sobre a ressurreição dos mortos poderiam ser encontradas entre os antigos egípcios e persas, é claro. Os gregos acreditavam na imortalidade da alma, embora não na do corpo. Acreditava-se que alguns deuses – como Osíris – tivessem morrido e ressuscitado. Alguns homens – Júlio César, César Augusto – tornaram-se deuses depois de mortos. Mas o conceito de um indivíduo morrer e ressuscitar, em carne e osso, para uma vida eterna, era uma novidade sem precedentes.

E, no entanto, o que os seguidores de Jesus argumentavam não era apenas que ele ressuscitara dos mortos, mas que a sua ressurreição confirmava seu *status* como Messias, uma afirmação extraordinária, igualmente sem precedentes. Ainda mais pelo fato de que os judeus do século I não esperavam um messias que sofresse e morresse, mas um que triunfasse e vivesse.

O que os seguidores de Jesus propuseram foi uma redefinição de tirar o fôlego – não apenas uma redefinição das profecias messiânicas, mas da própria natureza e função do Messias judeu.

A alegação de que um indivíduo morreu e ressuscitou para a vida eterna pode ter sido sem precedentes no judaísmo. Mas a presunção de um "homem-deus" era simplesmente absurda.

Por volta de 49 d.C., apenas quinze anos depois de assistir com aprovação a morte de Estêvão, esse ex-fariseu fanático, agora transformado em fervoroso cristão convertido renomeado Paulo, escreveria uma carta para seus amigos na cidade grega de Filipos na qual, de forma inequívoca e sem reservas, diz que "Jesus de Nazaré tinha a forma de Deus".[336]

Como isso pode ter acontecido? Como poderia um carpinteiro martirizado ser transformado, no espaço de poucos anos, no criador dos céus e da Terra, o Deus encarnado?

Segundo a maioria dos relatos históricos, a primeira comunidade cristã de Jerusalém foi demolida em 70 d.C., junto com a destruição da cidade pelos romanos – como vimos anteriormente – e todos os sinais de sua existência enterrados em um monte de escombros e cinzas. Com o Templo em ruínas e a religião judaica proibida, os judeus que seguiam Jesus como Messias tinham uma decisão fácil a tomar: eles poderiam optar por manter suas conexões de culto com o judaísmo e, assim, continuar atraindo a inimizade de Roma[337], ou poderiam divorciar-se do judaísmo e transformar o legado de Jesus em uma nova e promissora crença.

Não era apenas o medo de represálias romanas que conduziu esses primeiros cristãos. Com Jerusalém despojada, o cristianismo deixou de ser uma pequena seita judaica centrada em uma terra predominantemente judaica cercada por centenas de milhares de judeus. Depois de 70 d.C., o centro do movimento cristão mudou

---

336. Filipenses 2:6-7.
337. Lembrando que Roma se voltaria contra os cristãos gradualmente somente nas décadas seguintes.

da Jerusalém judaica para as cidades greco-romanas do Mediterrâneo: Alexandria, Corinto, Éfeso, Damasco, Antioquia, Roma.

Em apenas uma geração após a crucificação de Jesus, seus seguidores não judeus já superavam os judeus. Por volta do final do século I, quando os evangelhos que temos disponíveis hoje foram escritos, Roma – em particular a elite intelectual romana – tinha se tornado o alvo principal da evangelização cristã. E atingir esse público específico exigiu um pouco de reflexão por parte dos evangelistas. As ideias cristãs não poderiam parecer revolucionárias e nem os romanos serem acusados pela morte de Jesus.

Essa segunda geração de cristãos teve a árdua tarefa de sublimar uma série de "mágoas" – tanto relativas aos romanos quanto aos próprios judeus –, bem como qualquer sentimento revoltoso que houvessem conservado desde a ocupação romana na Palestina, a crucificação "injusta" ou a destruição de Jerusalém.

Provavelmente a ideia de que foram os judeus que mataram Jesus seja um eco dessa época, quando os cristãos evitaram levar adiante acusações improfícuas contra Roma, sob pena de não se conquistar adeptos cristãos romanos. Uma das primeiras lições que a Igreja Cristã primitiva aprendeu foi que os cristãos não poderiam, jamais, ser uma força de oposição, crítica ou revolução sociopolítica e, naturalmente, foram tornando-se conciliadores fraternos e pacifistas – agindo em nome de Jesus Cristo, é claro – buscando uma evolução, independente das condições que se apresentassem à sua volta.

De fato, inúmeras reflexões sobre a palavra de Jesus levaram ao entendimento de que o Reino de Deus era, na realidade, um reino celestial, não terreno; que as profecias messiânicas tinham sido mal interpretadas; que as escrituras, lidas de maneira correta, diziam o oposto do que todos pensavam que dissessem; que profundamente incorporada nos textos estava uma verdade secreta que só recentemente havia sido descoberta.

O problema é que, em uma cidade tão imersa nas escrituras como Jerusalém, tal argumento, vindo da parte dos discípulos, por mais que tentassem, simplesmente não conseguia convencer um número significativo de moradores de Jerusalém sobre a relevância de Jesus.

# ENFIM, UMA NOVA DOUTRINA

NOS PRIMEIROS ANOS após a crucificação, os discípulos de Jesus continuaram judeus, organizando um movimento judaico, para um público exclusivamente judaico. Inicialmente não pensaram em abandonar a cidade sagrada ou desvincularem-se do culto judaico, apesar da perseguição que enfrentavam por parte das autoridades sacerdotais. Os principais líderes do movimento[338] mantiveram sua fidelidade aos costumes judaicos e à lei de Moisés até o fim. O cristianismo começou como um movimento de modificação do judaísmo.

A Igreja de Jerusalém tornou-se uma "assembleia-mãe" e todos os adeptos e divulgadores das ideias de Cristo ficaram sob sua tutela. E isso foi uma grande vantagem, pois o ciclo anual de festivais trazia milhares de judeus de todo o Império diretamente a Jerusalém.

Os judeus que moravam longe da cidade sagrada, distantes da influência direta do Templo, eram muito mais suscetíveis à mensagem dos discípulos. Eram

---

338. Os apóstolos Pedro e João e o irmão de Jesus, Tiago.

minorias que viviam em grandes centros cosmopolitas como Alexandria e Antioquia, mas que haviam se aculturado com as ideias gregas e se integrado à sociedade romana. Cercados por uma série de diferentes raças e religiões, eles tendiam a ser mais abertos ao questionamento das crenças e práticas judaicas. Ao contrário de seus irmãos na terra santa, eles falavam grego e não aramaico e foram educados nas escrituras, não no original hebraico, mas em uma tradução para o grego[339].

Não é de se estranhar, portanto, que esses judeus esporádicos fossem mais receptivos à interpretação inovadora das escrituras oferecida pelos seguidores de Jesus, tanto que, rapidamente, os judeus de língua grega superaram os seguidores originais de língua aramaica de Jesus em Jerusalém. Inclusive os manuscritos de onde foram retirados os textos dos quatro evangelhos, Atos dos apóstolos e das epístolas estão em grego.

De acordo com o livro de *Atos*, a comunidade foi dividida em dois campos separados e distintos: os hebreus, termo usado na obra para se referir aos crentes baseados em Jerusalém sob a liderança de Tiago e os apóstolos, e os helenistas, os judeus que vieram da Diáspora e que falavam grego como língua principal[340].

E não era só a língua que separava os hebreus dos helenistas. Os hebreus eram principalmente camponeses, agricultores e pescadores, enquanto os helenistas eram mais sofisticados e urbanos, mais bem-educados e certa-

---

339. A septuaginta.
340. Atos 6:1.

mente mais ricos, o que permitia que viajassem centenas de quilômetros em peregrinação ao Templo.

Foi, no entanto, a divisão da língua que acabou por ser decisiva na diferenciação entre as duas comunidades. Os gregos, que adoravam Jesus em grego, contavam com uma linguagem que fornecia um conjunto muito diferente de símbolos e metáforas do que o aramaico ou o hebraico.

Quando eclodiu um conflito entre as duas comunidades a respeito da distribuição igualitária dos recursos comuns, os apóstolos designaram sete líderes entre os helenistas para cuidarem das necessidades de seu próprio grupo. Esses líderes estão listados no livro de *Atos* como Filipe, Prócoro, Nicanor, Timão, Parmenas, Nicolau[341] e, claro, Estêvão, cuja morte nas mãos de uma multidão enfurecida tornaria permanente a divisão entre hebreus e helenistas. Segundo Emmanuel, Estêvão era o nome de Jeziel, convertido, nascido na cidade de Corinto, província de Acaia e dominada pelos romanos. Era filho de Jochedeb e irmão de Abigail, que seria a futura noiva de Saulo de Tarso – antes que mudasse seu nome para Paulo de Tarso[342].

A morte de Estêvão resultou em uma onda de perseguição em Jerusalém, assunto explorado pelo benfeitor Emmanuel na obra *Paulo e Estêvão*. As autoridades religiosas, que até então pareciam ter tolerado a contragosto a presença dos seguidores de Jesus na cidade santa,

---

341. Um gentio convertido da Antioquia.
342. *Paulo e Estêvão*, de Emmanuel, psicografado por Francisco Cândido Xavier, primeira parte, Cap. 2.

ficaram furiosas com as palavras consideradas heréticas de Estêvão, ao pregar a favor de Jesus, chamando uma atenção especial para os helenistas, que acabaram sendo afastados de forma sistemática de Jerusalém. Os helenistas, transmitiam a palavra cristã, em grego, para seus companheiros judeus que viviam nas cidades pagãs de Ashdod e Cesareia, nas regiões costeiras da Síria-Palestina, em Chipre, Fenícia e Antioquia – a cidade em que eles foram os primeiros a serem chamados de cristãos[343].

Enquanto isso, os hebreus continuaram a prosperar, dando a entender que as autoridades sacerdotais não consideravam os dois grupos relacionados. Ao longo de dez anos, uma seita judaica encabeçada por galileus simples havia se transformado em uma religião de oradores gregos urbanizados. Longe do Templo e do culto judaico, os pregadores helenistas não viam nas palavras do Cristo os ideais libertadores de Israel, mas uma filosofia universal, atraente aos judeus que viviam em um ambiente greco-romano.

Nesse processo, não tardou para que, naturalmente, os considerados gentios também tomassem conhecimento da filosofia do Cristo, o que permitiu que os ideais cristãos se ampliassem – e se universalizassem – ainda mais no ambiente greco-romano, à medida que tantos pontos de vista diferentes passaram a recair sobre as palavras de Jesus.

No entanto, o desligamento definitivo do cristianismo com o judaísmo só se daria após da destruição de Je-

---

343. Atos 11:27.

rusalém em 70 d.C., durante a Segunda Diáspora. Mais livre, o culto cristão-judaico adquiriu a força de uma nova religião e a Diáspora dos judeus fugitivos de Jerusalém fez com que os ideais cristãos se espalhassem com força entre os gentios.

# PAULO DE TARSO

O PONTO DE virada da doutrina cristã ocorreu quando um jovem judeu, fariseu, helenista, de Tarso, chamado Saulo – o mesmo Saulo que havia causado o apedrejamento de Estêvão por blasfêmia – encontrou Jesus ressuscitado na estrada para Damasco e ficou conhecido para sempre como Paulo.

Saulo de Tarso havia deixado Jerusalém em nome do sumo sacerdote para encontrar e punir os helenistas que haviam fugido de lá depois do apedrejamento de Estêvão. O sumo sacerdote não pedira a Saulo para caçar esses seguidores de Jesus; Saulo se oferecera para o trabalho, voluntariamente. Ele era o homem perfeito para a tarefa: um educado judeu da Diáspora, de língua grega, e cidadão de uma das mais ricas cidades portuárias no Império Romano, que, no entanto, permanecera dedicado ao Templo e à *Torá*.

Foi quando estava a caminho da cidade de Damasco que o jovem fariseu teria uma experiência de enlevamento que mudaria tudo para ele, e para a fé que ele iria adotar como sua. Quando se aproximava dos portões da cidade com seus companheiros de viagem, ele de repente foi atingido por uma luz do céu piscando ao seu redor. Ele desmontou no chão.

Uma voz lhe disse:

– Saulo, Saulo, por que tu me persegues?

– Quem és tu, senhor? – repostou Paulo.

A resposta rompeu a luz branca ofuscante:

– Eu sou Jesus.

A experiência o deixou cego. Ainda assim, Saulo conseguiu chegar a Damasco, onde se encontrou com um seguidor de Jesus chamado Ananias, que impôs as mãos sobre ele e restaurou sua visão. Imediatamente, algo como escamas caíram dos olhos de Saulo e ele foi preenchido pelo "Espírito Santo". Ali mesmo Saulo foi batizado no movimento de Jesus. Mudou seu nome para Paulo e passou a pregar sobre Jesus ressuscitado, não para seus companheiros judeus, mas para os gentios que tinham sido, até aquele ponto, mais ou menos ignorados pelos principais missionários do movimento.

Segundo as tradições, Lucas era um jovem seguidor de Paulo, mencionado em algumas cartas[344]. Lucas escreveu o livro de *Atos* como uma espécie de homenagem ao seu antigo mestre – trinta ou quarenta anos depois que Paulo havia morrido – onde os apóstolos aparecem apenas no início do livro.

Na opinião de Lucas, seria Paulo o melhor sucessor de Jesus, e as atividades dos apóstolos, em Jerusalém, serviriam apenas como uma preparação para a pregação

344. Colossenses e Timóteo.

de Paulo. Embora não tenha divulgado quaisquer detalhes sobre sua conversão, Paulo insistiu repetidamente
em ter sido ele próprio testemunha de Jesus ressuscitado, afirmando que essa experiência o dotara da mesma
autoridade apostólica dos doze apóstolos[345].

---

345. 1 Coríntios 9:1.

# Rixas históricas

PAULO PODE TER considerado a si próprio um apóstolo, mas parece que poucos dos outros líderes do movimento concordavam. Nem mesmo Lucas, que o admirava especialmente, refere-se a Paulo como um apóstolo. Segundo Lucas, existiam apenas doze apóstolos, um para cada tribo de Israel, conforme a intenção de Jesus. Ao narrar a história de como os restantes onze apóstolos substituíram Judas Iscariotes por Matias após a morte de Jesus, Lucas observa que o novo recruta precisava ser alguém que tivesse acompanhado os discípulos o tempo todo em que estiveram próximos a Jesus[346].

Tal exigência teria claramente descartado Paulo, que se converteu ao movimento em torno de 37 d.C., após Jesus ter morrido. Mas isso não detém Paulo, que não só exige ser chamado apóstolo[347] à sua amada comunidade de Corinto, como insiste ter, talvez, mais qualificações que os outros apóstolos, pela relevância de trabalhos,

346. Atos 1:21.
347. 1 Coríntios 9:2.

flagelações e prisões que teve[348]. Paulo também minimiza a importância de Tiago, de Pedro e de João, e ironiza os companheiros por haverem sido considerado pilares da Igreja[349], tendo-os como irrelevantes para ele[350].

Paulo comenta que, apesar de os apóstolos terem andado e falado com o "Jesus-em-carne-e-osso", ele ainda caminhava e falava com o "Jesus divino", que lhe transmitia instruções secretas destinadas exclusivamente a seus ouvidos. Os apóstolos podiam ter sido escolhidos a dedo por Jesus, mas ele havia escolhido Paulo antes que ele tivesse nascido, chamado pelo Cristo para o apostolado quando ainda estava no ventre de sua mãe[351]. O que Paulo estava sugerindo é que ele não era o décimo-terceiro apóstolo, mas o *primeiro* apóstolo. O que talvez possa ser explicado pelos princípios da reencarnação e que sua missão tivesse sido fruto de uma programação feita antes de seu nascimento.

A reivindicação desse apostolado era urgente para Paulo, uma vez que era a única maneira de justificar sua missão frente aos gentios, que os líderes do movimento em Jerusalém pareciam apoiar. Embora tenha havido uma grande discussão entre os apóstolos sobre quão estritamente a nova comunidade deveria aderir à lei de Moisés, com alguns defendendo seu cumprimento rigoroso e outros tomando uma posição mais moderada, houve pouca discussão sobre a quem a comunidade de-

---

348. 2 Coríntios 11:22-23.
349. Gálatas 2:9.
350. Gálatas 2:6.
351. Gálatas 1:15.

veria servir, já que, de início, aquele era um movimento judaico destinado a um público judeu.

Mesmo os helenistas reservavam sua pregação principalmente para os judeus. Se um punhado de gentios decidisse aceitar Jesus como o Messias, deveriam, primeiro, tornar-se judeus, submetendo-se à circuncisão e à lei. No entanto, para Paulo, não havia espaço para a lei de Moisés na nova comunidade[352] e diz que Cristo representa o fim da *Torá*[353].

Mas, Jesus afirmou ter vindo para cumprir a lei de Moisés, não para aboli-la. Longe de rejeitar a lei, Jesus continuamente se esforçou para expandi-la e intensificá-la. Onde a lei ordenava que não se matasse, Jesus acrescentou que até aqueles irritados com alguém[354] deveriam se submeter a esse juízo. Onde a lei dizia para evitar o adultério, Jesus estendeu-a para incluir também nem sequer olhar uma mulher com luxúria[355]. Jesus pode ter discordado dos escribas e estudiosos sobre a interpretação correta da lei, especialmente, quando se tratava de assuntos como a proibição de trabalhar no sábado. Mas ele nunca rejeitou a lei. Pelo contrário, Jesus advertiu que aquele que violasse um dos menores mandamentos seria menor no reino dos céus[356].

Paulo, no entanto, não demonstra nenhum interesse pelo Jesus histórico. Não há quase nenhum traço de

---

352. 2 Coríntios 3:7-8.
353. Romanos 10:4.
354. Mateus 5:22.
355. Mateus 5:28.
356. Mateus 5:19.

Jesus de Nazaré em qualquer uma de suas cartas. Com exceção da crucificação e da Última Ceia, que a Igreja utilizou como uma fórmula litúrgica, Paulo não narra um único evento da vida de Jesus.

Mas, na verdade, Paulo tinha apenas uma parca ideia de quem foi Jesus em vida, e, apesar disso, se sentia muito abençoado por Deus ter-lhe revelado Seu filho, para que pregasse sobre ele entre os gentios, sem precisar consultar nenhum apóstolo em Jerusalém[357]. Só depois de três anos pregando uma mensagem que insistia ter recebido diretamente de Jesus, Paulo se dispôs a visitar pessoas em Jerusalém que tivessem *pessoalmente* conhecido o Cristo[358].

Talvez aí esteja o fator que torne Paulo um personagem tão forte e simpático aos olhos comuns. Ele era "gente como a gente": não havia conhecido Jesus pessoalmente, aliás, detestava-o com todas as suas forças, mas fora iluminado pela sua presença e passou a enxergar tudo sob nova perspectiva, convertendo-se de perseguidor a seu maior defensor, autorizado a pregar em seu nome. Diferentemente dos doze apóstolos, contatados pessoalmente pelo Cristo, Paulo havia tido uma experiência puramente espiritual e, por isso mesmo, mais próxima da experiência que qualquer poderia ter com o Cristo. A história da conversão de Paulo gera até hoje uma empatia imediata.

A grande tarefa de Paulo como missionário foi a de desvincular o pensamento de Jesus do culto judaico, inclusive da ideia de que ele fosse o tão esperado Messias.

---

357. Gálatas 1:15-17.
358. Gálatas 1:12.

Paulo tinha acepção de que Cristo não seria humano, embora tivesse assumido a semelhança de um ser humano[359]. Ele seria um ser cósmico, que existia antes do tempo, uma das primeiras das criações de Deus e por meio dele se formou o resto da criação[360]. Ele seria da descendência *física* de Deus[361], um novo Adão, nascido não do pó, mas do céu, e o primeiro de sua espécie, o primogênito entre muitos irmãos[362].

Nota-se que as percepções de Paulo, mesmo que grosseiras, vão muito de encontro ao que a doutrina espírita entende sobre Jesus, sobretudo pela perspectiva de Emmanuel[363] e Humberto de Campos[364], entendendo-o como um ser puro, um espírito sem igual na Terra, superior a todos os outros que aqui habitam. Essa diferença era percebida por Paulo, que chegou a classificar Jesus como um Ser diferente, tamanha a distância que ele via separando o Cristo das demais criaturas.

E Paulo sabia que todos poderiam tornar-se como ele[365], juntando-se a Jesus em espírito[366]. Assim, como herdeiros de Deus e co-herdeiros de Cristo, quem tivesse fé poderia também tornar-se um Ser divino[367]. Eles

---

359. Filipenses 2:7.
360. 1 Coríntios 8:6.
361. Romanos 8:3.
362. Romanos 8:29.
363. *A caminho da luz*, psicografado por Francisco Cândido Xavier.
364. *Brasil, Coração do Mundo, Pátria do Evangelho*; psicografado por Francisco Cândido Xavier.
365. 1 Coríntios 6:17.
366. Romanos 8:29.
367. Romanos 8:17.

poderiam se tornar semelhantes ao Cristo[368], isto é, divinos e eternos, com a responsabilidade de julgar ao lado dele toda a humanidade e também os anjos do céu[369].

Apesar de o Cristo retratado por Paulo ser muito familiar aos espíritas contemporâneos, era bizarro aos seguidores judeus de Jesus, razão pela qual ele teve que encarar os apóstolos mais de uma vez devido a seus ensinamentos, considerados divergentes.

Paulo conheceu os apóstolos em uma visita à cidade sagrada três anos após sua conversão, quando ficou cara a cara com Pedro e Tiago. Os dois líderes ficaram aparentemente emocionados pelo fato de aquele homem, que os tinha perseguido, agora estava proclamando a mensagem de fé que antes procurou destruir[370]. Solicitaram que pregasse a mensagem de Jesus nas regiões da Síria e Cilícia, oferecendo-lhe, como companheiro e protetor, um judeu convertido chamado Barnabé, confidente próximo de Tiago.

No entanto, a segunda viagem de Paulo a Jerusalém ocorreu cerca de uma década mais tarde, em algum momento dos anos 50 d.C., e foi muito menos cordial do que a primeira. Ele comparece perante uma reunião do Conselho Apostólico – Tiago, Pedro, João e os anciãos da Igreja de Jerusalém – para defender seu papel, digamos, "autodesignado" como missionário para os gentios, insistindo que não foi convocado a Jerusalém, mas que foi até lá por vontade própria, porque Jesus disse para que

368. Filipenses 3:10.
369. 1 Coríntios 6:2-3.
370. Gálatas 1:23.

fosse, com seu companheiro Barnabé e um convertido grego incircunciso chamado Tito, a seu lado.

Lucas, escrevendo sobre essa reunião, narra uma perfeita harmonia entre Paulo e os membros do Conselho[371]. No entanto, o relato do próprio Paulo sobre o encontro com o Conselho Apostólico afirma ter sido emboscado no Conselho Apostólico por um grupo que vinha espionando-o e seu ministério. Embora Paulo revele poucos detalhes sobre a reunião, ele não consegue disfarçar o descontentamento pelo tratamento que diz ter recebido, afirmando que não faziam qualquer diferença para ele[372]. Seja o que for que aconteceu durante o Conselho Apostólico, a reunião parece ter sido encerrada com uma promessa de Tiago, o líder da assembleia, de não obrigar os seguidores gentios de Paulo a serem circuncidados.

No entanto, quase imediatamente depois de Paulo ter deixado Jerusalém, Tiago começou a enviar seus próprios missionários às congregações dele na Galácia, Corinto, Filipos e na maioria dos outros lugares onde ele havia construído um grupo de seguidores, para corrigir seus ensinamentos não ortodoxos sobre Jesus.

Paulo ficou indignado com essas delegações, que ele viu como uma ameaça à sua autoridade. Quase todas as epístolas de Paulo no *Novo Testamento* foram escritas após o Conselho Apostólico e são dirigidas às congregações que haviam sido visitadas por esses representantes

---

371. Atos 15:1-21.
372. Gálatas 2:1-10.

de Jerusalém[373]. É por isso que esses textos dedicam tanto espaço a defender o *status* de Paulo como um apóstolo, divulgando sua conexão direta com Jesus e protestando contra os dirigentes em Jerusalém[374]. No entanto, as delegações de Tiago parecem ter tido algum impacto, pois Paulo reprova repetidamente suas congregações por abandoná-lo[375].

Sentindo-se amargo e não mais preso à autoridade de Tiago e dos apóstolos em Jerusalém, Paulo passou os anos seguintes expondo livremente a doutrina de Jesus. Por volta do ano 57 d.C., mais uma vez, ele é convocado a Jerusalém para se defender. Dessa vez, Tiago confronta Paulo diretamente, dizendo-lhe que chegara a seu conhecimento que Paulo estava ensinando os crentes a se apartarem de Moisés e a não circuncidar seus filhos nem observar os costumes da lei[376].

Para esclarecer as questões de uma vez por todas, Tiago força Paulo a participar com outros quatro homens de um rigoroso ritual de purificação no Templo[377]. Paulo obedece; ele parece não ter escolha. Mas, quando ele está completando o ritual, um grupo de judeus devotos o reconhece[378]. Subitamente, uma multidão se arma em torno de Paulo. Eles o prendem e o arrastam para fora do Templo. No momento em que estão prestes a linchá-

---

373. A primeira carta de Paulo, aos tessalonicenses, foi escrita entre 48 e 50 d.C.; a última, endereçada aos romanos, foi escrita por volta de 56 d.C.
374. 2 Coríntios 11:13-15.
375. Gálatas 1:6.
376. Atos 21:21.
377. Atos 21:24.
378. Atos 21:27-28.

-lo, um grupo de soldados romanos aparece de repente. Os soldados dispersam a multidão e prendem Paulo, não por causa da perturbação no Templo, mas porque o confundiram com um egípcio revolucionário[379].

Paulo foi enviado rapidamente para ser julgado pelo governador romano, Félix, que nesse momento estava na cidade costeira de Cesareia tratando de um conflito que irrompera entre judeus e os habitantes sírios e gregos. Embora Félix inocentasse Paulo dos crimes do egípcio, jogou-o em uma prisão de Cesareia, onde Paulo definhou, até Festo substituir Félix como governador e prontamente transferir Paulo para Roma, a seu pedido.

Festo permitiu que Paulo fosse para Roma porque ele alegou ser cidadão romano. Paulo nascera em Tarso, uma cidade cujos habitantes tinham recebido a cidadania romana de Marco Antônio, um século antes. Como cidadão, Paulo tinha o direito de exigir um julgamento romano, e Festo, que serviria como governador por um período extremamente breve e tumultuado em Jerusalém, parecia feliz em conceder-lhe isso, mesmo que por nenhuma outra razão senão a de simplesmente se livrar dele.

Mas pode ter havido uma razão mais urgente para Paulo querer ir a Roma. Após o espetáculo embaraçoso no Templo, em que ele foi forçado a renunciar a tudo o que estava pregando há anos, Paulo queria ir o mais longe possível de Jerusalém e da crescente pressão exercida por Tiago e os apóstolos. Além disso, Roma parecia o lu-

---

379. Atos 21:38.

gar perfeito para Paulo. Era a cidade imperial, a sede do Império Romano. Certamente os judeus helenísticos que tinham escolhido fazer da casa de César a sua própria seriam receptivos aos ensinamentos pouco ortodoxos de Paulo sobre Jesus Cristo. Roma já tinha um pequeno, mas crescente, contingente de cristãos que viviam ao lado de uma população judaica bastante considerável.

Embora Paulo estivesse oficialmente sob prisão domiciliar em Roma, parece que ele foi capaz de continuar sua pregação sem muita interferência das autoridades. No entanto, Paulo teve pouco sucesso em converter judeus e gentios de Roma para o seu lado; ele não era o único "apóstolo" pregando sobre Jesus na cidade imperial. Pedro, o primeiro dos doze apóstolos, também estava em Roma. Ele tinha chegado por lá poucos anos antes de Paulo, provavelmente sob o comando de Tiago, para ajudar a estabelecer uma comunidade permanente de crentes judeus de língua grega no coração do Império Romano, uma comunidade que estaria sob a influência da assembleia de Jerusalém e ensinada de acordo com a sua doutrina.

É difícil saber o quão bem-sucedido Pedro tinha sido em sua tarefa antes de Paulo chegar. Mas, aparentemente, os helenistas em Roma reagiram tão negativamente à pregação de Paulo que ele decidiu separar-se de uma vez por todas de seus companheiros judeus. Paulo prometeu a partir daquele momento não pregar a ninguém mais senão aos gentios[380]. Não existe registro "oficial"

---

380. Atos 28:26-29.

desses últimos anos da vida de Pedro e Paulo, os dois homens que se tornariam as figuras mais importantes da cristandade. Estranhamente, Lucas termina seu relato da vida de Paulo com a chegada dele a Roma, e não menciona que Pedro também estava na cidade. Mais estranho ainda, Lucas não se preocupou em registrar o aspecto mais significativo do tempo que os dois homens passaram juntos na cidade imperial: em 66 d.C., o mesmo ano em que entrou em erupção a revolta em Jerusalém, o imperador Nero, motivado por uma súbita onda de perseguição aos cristãos em Roma, prendeu Pedro e Paulo e mandou que fossem executados, por defenderem o que ele supôs ser a mesma fé. Ele estava quase correto. E mal sabia ele que, pouco à frente, Constantino terminaria com a clandestinidade dos cristãos em 313, através do Édito de Milão, outorgando-lhes vários privilégios – como, por exemplo, construir grandes templos – com a liberdade de culto religioso a toda manifestação de crença. E, mais precisamente, no dia 27 de fevereiro de 380, essa fé crescente, com adeptos tão espirituosos, se tornaria a religião oficial do Império Romano por ordem do imperador Teodósio I, ao assinar uma lei conhecida como Édito de Tessalônica.

O resto da história nós já conhecemos. O legado do Cristo seria multiplicado, modificado, adulterado e resgatado, com ascensão da Igreja Católica, o papa, as Cruzadas e a Santa Inquisição, a Reforma Protestante e, por fim, o advento do Espírito de Verdade e o cristianismo redivivo, através do espiritismo.

# O CRISTIANISMO HOJE

O PAPEL DO cristianismo sempre esteve estreitamente interligado à formação da história e da sociedade ocidental. Através de suas longas histórias, as instituições cristãs foram uma fonte importante de serviços sociais, como a educação, tanto que várias universidades do mundo foram fundadas pela Igreja[381]. Alguns historiadores têm argumentado que a Igreja exerceu influência positiva e significativa no desenvolvimento da ciência e que sacerdotes-cientistas, muitos dos quais jesuítas, estão entre os luminares na astronomia, genética, geomagnetismo, meteorologia, sismologia e física solar, sendo alguns dos "pais" dessas ciências[382].

A Igreja incentivou os cuidados médicos e serviços de bem-estar e teve influência econômica[383], cultural e filosófica, além de política. Engenharia e matemática avançaram, refletindo-se na arquitetura na Idade Mé-

---

381. https://banneroftruth.org/us/resources/articles/2002/christianity--and-education/
382. *The Jesuits*, de Jonathan Wright.
383. Weber, Max. *The Protestant Ethic and The Spirit of Capitalism* (Penguin Books, 2002) translated by Peter Baehr and Gordon C. Wells.

dia. As artes prosperaram imensamente. De várias maneiras o cristianismo influiu nas tendências ocidentais para os vícios e para as virtudes, e foi, durante muitos séculos, propagadora dos ensinamentos de Jesus dentro do mundo ocidental, sendo uma fonte de ligação entre a cultura ocidental moderna e a cultura ocidental clássica, sobretudo pelos mosteiros, verdadeiras fortalezas onde os arquivos da Antiguidade foram guardados a sete chaves contra a voracidade dos bárbaros.

A *Bíblia* e a teologia cristã também influenciaram fortemente filósofos ocidentais e ativistas políticos[384]. Os ensinamentos de Jesus, como a Parábola do Bom Samaritano, auxiliaram a fundamentar as modernas noções de direitos humanos e medidas de bem-estar habitualmente fornecidas pelos governos do Ocidente[385]. Da mesma forma os ensinamentos cristãos direcionaram os hábitos da sexualidade humana, o casamento e a vida familiar.

O cristianismo desempenhou um importante papel na extinção de práticas como o sacrifício humano, a escravidão[386], o infanticídio e a poligamia. Em geral, afetou o estatuto das mulheres, condenando o infanticídio (bebês do sexo feminino tinham maior probabilidade de serem mortos), o divórcio, incesto, infidelidade, poligamia, controle de natalidade, aborto, defendendo o casamento.

Mas a influência do cristianismo não se restringiu à civilização ocidental. Os cristãos também desempenha-

---

384. https://www.britannica.com/topic/constitution-politics-and-law
http://www.faithfacts.org/christ-and-the-culture/the-bible-and-go-vernment
385. https://www.dictionary.com/browse/good
386. *A History of Christianity*, de Owen Chadwick.

ram um papel de destaque nos recursos de desenvolvimento da civilização islâmica[387].

E justamente essa crença tem se tornado a maior rival do cristianismo. Por volta do ano 1000, o islamismo, uma religião mais jovem, exercia mais influência do que o cristianismo, e parecia prestes a tornar-se a grande religião mundial. No entanto, quando navegadores portugueses descobriram as rotas marítimas pelos Oceanos Atlântico e Índico, abriu-se um novo campo para os missionários cristãos. A Europa ocidental, dominando a ciência, as armas e a medicina, passou cada vez mais a governar terras muçulmanas e, em 1900, o cristianismo mostrava-se bem à frente do islamismo, em número de seguidores.

Depois da Segunda Guerra Mundial, o Islã cresceu em prestígio e poder político. A Indonésia e o Paquistão, com suas numerosas populações muçulmanas, e a Índia, com uma significativa minoria muçulmana, tornaram-se independentes. O petróleo, então a principal fonte de energia no mundo, concentrou-se em uma surpreendente proporção no Oriente Médio e em outras regiões de religião muçulmana. Nações pequenas, porém, ricas, passaram a financiar atividades ligadas à religião.

Milhões de muçulmanos deixaram suas terras, mudando-se para países como França, Inglaterra, Alemanha, Espanha e Holanda, tornando-se minorias atuantes e passando a gozar, em terras cristãs, de uma liberdade não concedida aos cristãos em terras islâmicas.

As duas religiões rivais foram se afastando ainda

---

387. Rémi Brague, *Assyrians contributions to the Islamic civilization*.

mais. No período de um século, os países cristãos se tornaram mais democráticos, materialistas, informados e zelosos dos direitos da mulher e da liberdade civil do que uma típica terra muçulmana. Os cristãos também ficaram menos puritanos.

Em 1900, um protestante evangélico tinha muito em comum com um muçulmano, em termos de comportamento social. Hoje, nem tanto. Em 11 de setembro de 2001, quando um pequeno braço do Islã disparou um ataque terrorista a duas cidades dos Estados Unidos, as diferenças religiosas se intensificaram ainda mais. Cerca de 1.200 cristãos foram assassinados no mundo entre novembro de 2015 e outubro de 2016 por razões relacionadas às suas crenças[388], mais da metade desse montante na Nigéria.

Nos últimos séculos, a força da fé muçulmana passou a superar a de seus principais rivais. Além disso, no século XX, as populações dos países islâmicos se multiplicaram rapidamente, pois a típica família muçulmana é numerosa. Embora o cristianismo continuasse a ser a maior religião, com mais de 30% da população mundial, o islamismo se aproximou, respondendo por mais de 20%, em 2011.

O islamismo é a única religião que cresce mais rápido do que a população global, e poderá ser a maior do mundo em 2070[389]. Segundo estudo, a população de muçulmanos deverá crescer 73% entre 2010 e 2050, em comparação com um possível aumento de 35% dos cristãos, e 37% da população mundial. Em 2010, havia 1,6 bilhão

---

388. Fonte: ONG protestante Portas Abertas, janeiro de 2017.
389. Levantamento do Instituto Americano Pew Research Center, que analisou a evolução demográfica entre as principais religiões do mundo.

de muçulmanos e 2,17 bilhões de cristãos no planeta. Em 2050, deverão ser 2,76 bilhões de muçulmanos e 2,9 bilhões de cristãos. Se ambas as religiões mantiverem o atual índice de evolução, os seguidores do islamismo serão mais numerosos na década de 2070.

No entanto, através da reencarnação, sabemos ser possível que espíritos cristãos sejam encaminhados, pela espiritualidade, a reencarnar em países não-cristãos, para, aos poucos, atenuar certos radicalismos e até criar no futuro um ambiente mais propício à propagação do Evangelho cristão entre as denominações judaicas, islâmicas e tantas outras. Só o tempo revelará os projetos do Cristo nesse aspecto.

Os ateus, os agnósticos e os não religiosos declinarão de 16,4% da população mundial para 13,2% em 2050, apesar do crescimento destas opções na Europa e América do Norte.

As mudanças ocorrem parcialmente devido às taxas de fertilidade associadas a cada religião. Entre os muçulmanos, são registrados 3,1 filhos por mulher; os cristãos têm 2,7.

O cristianismo também é mais suscetível de perder fiéis para outras crenças ou, então, vê-los optando por evitar contato com religiões. Estima-se que cerca de 40 milhões de pessoas irão aderir ao cristianismo até 2050, enquanto 106 milhões devem deixar esta fé.

A população muçulmana também é mais jovem, o que significa que ainda terá filhos. Um em cada três (34%) praticantes tem menos de 15 anos de idade. A média global de pessoas nessa faixa etária é de 27%.

A década de 1960 foi marcada pelas revoltas dos jovens contra tabus e tradições em religião, política, sexo, música, roupas e muito mais. A longa era cristã jamais havia observado tal explosão de valores, exceto talvez nos primeiros anos da Revolução Francesa.

Atualmente o cristianismo está em declínio nas nações mais prósperas, mais instruídas e mais materialistas, mas não em outros lugares. No entanto, mesmo na Europa, o centro do cristianismo, o declínio ainda não pode ser considerado permanente. No curso de 20 séculos, ele já entrou em declínio e se recuperou várias vezes. No ano 300, estava mais fraco na Europa e na Ásia Menor do que hoje. Em 1600, estava mais fraco no mundo como um todo. A conclusão a que chegamos é que o cristianismo se reinventou repetidas vezes. Todo renascimento religioso é o reflexo de um estado de declínio anterior. Mas nenhum renascimento – e talvez nenhum declínio – é permanente.

Mesmo quando o cristianismo atravessava uma boa fase, muitos permaneceram indiferentes ou pouco interessados, e sua influência em muitos setores da sociedade era fraca ou irregular. O cristianismo, mesmo no apogeu, para muitas pessoas, foi, em parte, só aparência.

Analisando o mundo ocidental, em pleno século XXI, a doutrina cristã parece perder a relevância a cada dia. Pela primeira vez na História, várias doenças que, antes, motivavam religiosidade, são tratáveis ou foram erradicadas. As enfermidades incuráveis, a morte de jovens, a fome e a pobreza extrema não são mais vistas tão frequentemente. Houve um tempo em que as pessoas morriam aos 40 ou 50 anos, muito envelhecidas. Hoje, máquinas de várias espécies reduziram a necessidade do trabalho pesado que antes sustentava a economia. Por tudo isso, há menos motivação para que se recorra à *Bíblia* em momentos de dor ou desespero.

Nos países que contam com educação formal de melhor qualidade, o cristianismo também tem de enfrentar um estado de espírito menos favorável. Há 300 anos, as pessoas se satisfaziam com explicações baseadas em mistérios ou desígnios divinos ou milagres; hoje, elas se deixam convencer mais facilmente por explicações que pareçam apelar à ciência, à lógica e à razão.

Ciência e tecnologia carregam uma mensagem persuasiva: os problemas do mundo podem ser solucionáveis com o emprego de inovações materiais e estudos aprofundados; enigmas indecifráveis, como a origem do Universo, podem ser desvendados pela mente científica. No entanto, embora as realizações da ciência tenham sido notáveis, não se pode considerá-las revolucionárias no estudo da natureza humana.

De certo modo, os problemas mensuráveis estudados pela ciência e pela tecnologia são mais facilmente analisados do que os problemas humanos. É mais fácil explorar a Lua do que explorar o coração e a mente do ser humano.

O conhecimento ocupa um dos primeiros lugares na hierarquia das virtudes mentais. A palavra "sabedoria" é pouco empregada em um século que valoriza mais do que nunca o conhecimento.

Até o livro dos *Provérbios* trata da sabedoria. Os judeus simples citados no Antigo Testamento – como os pastores e carregadores de água – provavelmente estavam mais empenhados em alcançar a sabedoria do que muitos ganhadores do Prêmio Nobel, decorridos 2,5 mil anos. Sabedoria se refere, em primeiro lugar, aos seres humanos e a suas dificuldades.

O indivíduo tem o direito de dizer que não acredita em Deus. Mas calar-se e fugir à discussão sobre a natureza humana intrínseca ao conceito de "Deus", é olvidar por que o cristianismo faz tanta gente pensar, há tanto tempo.

O cristianismo se reinventou muitas vezes. Provavelmente nenhuma outra instituição na história do mundo demonstrou tal multiplicidade. Se os nove cristãos citados a seguir, todos influentes em seu tempo, se reunissem em torno da mesa de jantar, que conversas surgiriam? O apóstolo Paulo e o bispo Nestório de Constantinopla, dos primeiros séculos; Francisco de Assis, madre Teresa de Ávila e Martinho Lutero de Wittenberg, dos séculos intermediários; o professor Hippolyte Léon Denizard Rivail, famoso com o pseudônimo de Allan Kardec, o senhor George Fox, dos Quakers; o pastor Lekganyane, da igreja zionista da África do Sul, e o papa João Paulo II. Uma das razões de o cristianismo manter-se dinâmico por tanto tempo é sua disposição para discutir e discordar – quase uma questão de vida ou morte.

Não é fácil avaliar uma religião tão antiga e disseminada, cujos seguidores discordam entre si. O cristianismo moldou – e às vezes desmanchou – muita coisa no mundo moderno. Não somente a Moral e a Ética receberam influência, mas também o calendário, os feriados, a assistência social, os eventos esportivos, arquitetura, idioma e literatura, além das denominações no mapa-múndi.

Talvez nenhuma outra instituição – a não ser os governos modernos – tenha cuidado tão diligentemente dos enfermos, dos pobres, dos órfãos e dos velhos. Por muito tempo a Igreja representou a predecessora da assistência oficial, além de assumir o principal papel na educação em boa parte da Europa e de fundar a maioria das primeiras universidades. O cristianismo influenciou o papel social da mulher, o *status* da família e – dizem alguns historiadores – a ascensão do socialismo e do capitalismo. Além disso, tanto favoreceu como prejudicou o avanço da ciência e das ciências sociais.

A moderna democracia, muito diferente da versão praticada na antiga Atenas, muito deve à declaração feita por Paulo, garantindo que todas as almas têm o mesmo valor aos olhos de Deus. A democracia também deve muito àquela ala do protestantismo que, desobedecendo ao papa e ao bispo, conferiu poder à congregação reunida aos domingos.

Desde seu surgimento, o cristianismo participou de muitos eventos lamentáveis e cometeu muito mais erros do que os primeiros apóstolos poderiam imaginar. Boa parte desses erros foi praticada por quem falava em nome de Cristo, mas sem sinceridade. Trata-se de uma difícil e angustiante profissão de fé. Fé vem do latim *fides*, que quer dizer fidelidade, ou seja, fazer igual. Como chegar ao Cristo sem fazer-se igual a ele? A palavra fé carrega em si mesma uma lógica prática, e não teórica, que mesmo os mais estudiosos da Igreja ignoraram. Entre os bilhões de indivíduos, hoje mortos, que entenderam e tentaram seguir os preceitos de Cristo, a maioria provavelmente teria admitido falhas em algumas fases da vida – ou em todas.

O cristianismo provavelmente foi a instituição mais importante do mundo nestes 2 mil anos. Muito do que nos parece admirável hoje resulta inteiramente ou em parte do cristianismo e de seus seguidores. Por outro lado, pode ser que, no ano 2200, estudiosos e analistas que tenham outros valores cheguem a uma conclusão diferente. A análise de importantes mudanças ocorridas no passado, para saber se foram benéficas ou não, raramente leva a um veredito unânime.

É notável como um homem, que viveu há 2 mil anos, que não ocupou cargo público nem era rico e nunca visitou um lugar que ficasse a mais de dois dias a pé de distância do local onde nasceu, possa ter exercido tanta influência, com seus ensinamentos, profecias, conselhos e parábolas. "Eu sou o caminho, a verdade e a vida" – ele declarou. – "Pois onde dois ou três se reunirem em meu nome, lá estarei."

As discussões acerca da mensagem e da influência de Cristo não se esgotam. Mesmo depois de todos deixarmos esta Terra e o século XXI ter ficado para trás, o fascínio pelo Cristo persistirá, e, ainda mais, a certeza de que foi um vencedor. E, sobretudo entre os espíritas, a certeza de que, como governador planetário, o Cristo está olhando por todos nós, com atenção especial ao povo brasileiro.

# O AMOR DO CRISTO PELO BRASIL

NO ANO DE 1937 o lápis de Francisco Cândido Xavier correu o papel trazendo-nos importantes notícias do mundo espiritual, ditadas diretamente pelo espírito Humberto de Campos[390]. O nobre emissário vinha trazer notícias atualizadas sobre o homem mais importante que já caminhou sobre a Terra: Jesus.

O incansável repórter escreveu, então, que nas duas últimas décadas do século XIV, o Senhor realizou uma de suas visitas periódicas à Terra, a fim de observar os progressos de sua doutrina e o impacto do Evangelho entre os homens.

No entanto, apesar de Jesus vir até nós com o coração luminoso das esferas superiores, nosso planeta ainda apresentava aquela mesma névoa escurecida, cheio da lama de orgulho das criaturas humanas, repleto dos espinhos da ingratidão e do egoísmo. E em vão o Senhor procurou o resultado do trabalho de um de seus

---

390. *Brasil, Coração do Mundo, Pátria do Evangelho*; de Humberto de Campos, psicografado por Francisco Cândido Xavier.

últimos enviados ao orbe terrestre: Francisco de Assis, do qual só haviam ficado as histórias – lendárias – de carinho e de bondade. O ser humano, envolto em iniquidades, roubava das criaturas a paz e lhes aniquilava a vida.

Chamando um de seus mensageiros, Helil, responsável pelos problemas sociológicos da Terra, foram visitar as terras que formariam, mais tarde, o continente americano. O Senhor abençoou aquelas matas virgens e misteriosas, onde viviam silvícolas humildes e simples.

É quando Helil avisa o Mestre que, mais ao sul, se localizaria o recanto planetário que seria o símbolo da redenção humana. Nessa terra nova, que mais tarde seria conhecida como Brasil, Jesus planejou, então, ser transplantada a árvore de seu Evangelho de piedade e de amor. No solo recheado de dádivas férteis, todos os povos da Terra aprenderiam a lei da fraternidade universal: seria o coração do mundo!

Posteriormente, em 1394, como filho de D. João I e de D. Filipa de Lencastre, reencarnava Helil como o heroico Infante de Sagres, operando a renovação das energias portuguesas, expandindo as suas possibilidades realizadoras para além dos mares. O restante dessa aventura, a História oficial registrou em detalhes mais ou menos corretos.

Assim, na terra recém-descoberta, um dos mais comprometidos trabalhadores do Cristo, o espírito Ismael, recebe do próprio Jesus a incumbência, juntamente com uma plêiade de espíritos de escol, de implantar a Terra nova, estabelecer o bem em nosso planeta, guiar a sociedade na senda do progresso moral, através do estabelecimento em definitivo do Evangelho, tendo o Brasil como ponto central de difusão da mensagem do Cristo. Os indígenas foram chamados a colaborar na edificação da pátria nova, juntos com almas da costa africana e vários outros espíritos em provação, formando uma falange abnegada.

Como afirma um espírito israelita em O Evangelho segundo o Espiritismo: "Foi Moisés quem abriu o caminho; Jesus continuou a obra; o espiritismo a concluirá"[391], em solo brasileiro, segundo os planos de Jesus.

---

391. *O Evangelho segundo o Espiritismo*, de Allan Kardec, cap. 1, Instruções dos espíritos.

# Mapa da palestina no tempo de Cristo

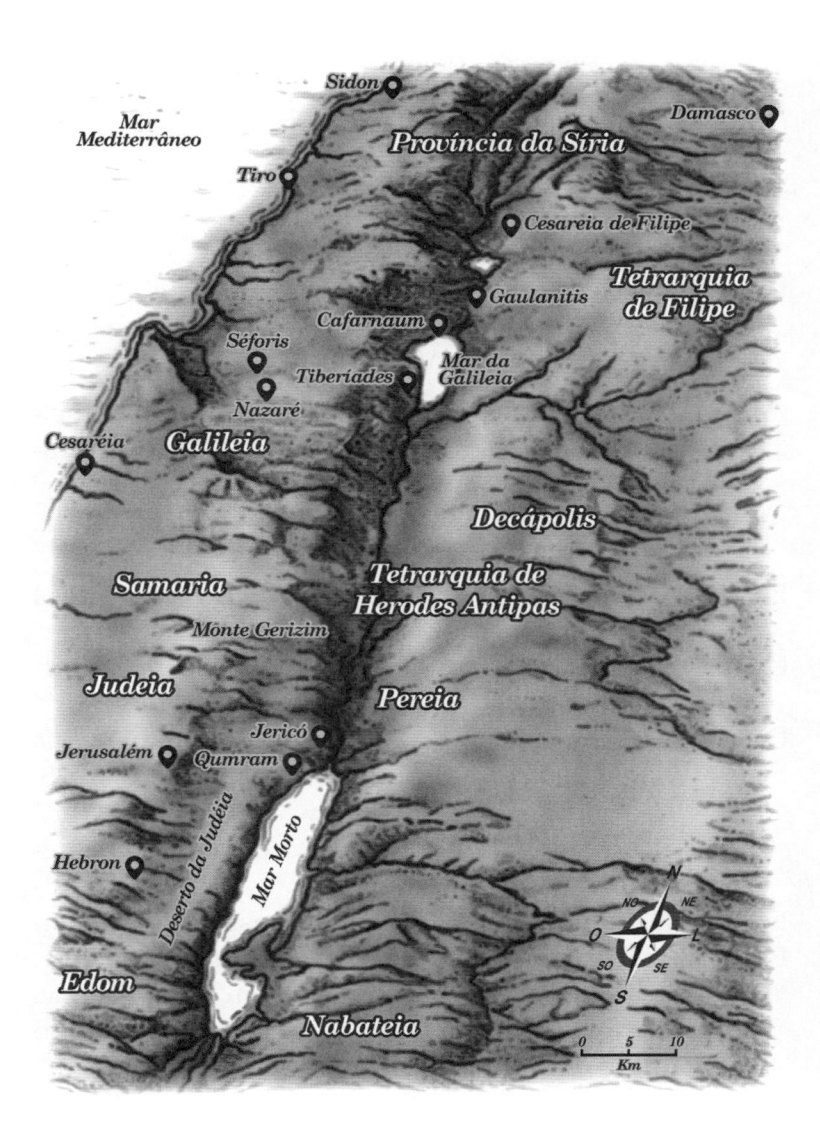

# BIBLIOGRAFIA

## LIVROS

A BÍBLIA SAGRADA. Tradução de João Ferreira de Almeida. 4 ed. São Paulo: Sociedade Bíblica do Brasil, 2010.

ASLAM, R. *Zelota: A vida e a época de Jesus de Nazaré*. 1 ed. Rio de Janeiro: Zahar, 2013.

BURNS, E. M. *História da civilização ocidental*. Volume II. 44 ed. Porto Alegre: Globo, 1982.

CHADWICK, O. *A history of christianity*. St. Martin's Griffin, 1998.

DE CAMPOS (espírito), H.; XAVIER, F. C. *Brasil, Coração do Mundo, Pátria do Evangelho*. Brasília: FEB, 1938. Disponível em http://www.luzespirita.org.br/leitura/pdf/l12.pdf. Último acesso em 13 de dezembro de 2018.

DIAS, H. D. *O Novo Testamento*. 1 ed. Brasília: FEB, 2013.

EMMANUEL (espírito); XAVIER, F. C. *A caminho da luz*. Brasília: FEB, 1939. Disponível em http://www.luzespirita.org.br/leitura/pdf/l9.pdf. Último acesso em 13 de dezembro de 2018.

JOSEFO, F. *A guerra dos judeus*. Livro I. Tradução e adaptação de A. C. Godoy. 1 ed. Curitiba: Juruá, 2000.

_____. *A guerra dos judeus*. Livro II. Tradução e adaptação de A. C. Godoy. 1 ed. Curitiba: Juruá, 2002.

_____. *A guerra dos judeus*. Livro III. Tradução e adaptação de A. C. Godoy. 1 ed. Curitiba: Juruá, 2002.

_____. *A guerra dos judeus*. Livro IV. Tradução e adaptação de A. C. Godoy. 1 ed. Curitiba: Juruá, 2002.

_____. *A guerra dos judeus*. Livro V. Tradução e adaptação de A. C. Godoy. 1 ed. Curitiba: Juruá, 2002.

_____. *A guerra dos judeus*. Livro VI. Tradução e adaptação de A. C. Godoy. 1 ed. Curitiba: Juruá, 2003.

_____. *A guerra dos judeus*. Livro VII. Tradução e adaptação de A. C. Godoy. 1 ed. Curitiba: Juruá, 2003.

_____. *Antiguidades dos judeus contra Apion*. Livro VII. Tradução e adaptação de A. C. Godoy. 1 ed. Curitiba: Juruá, 2001.

KARDEC, A. *A Gênese*. Tradução de Guillon Ribeiro. 53 ed. Brasília: FEB, 2013.

_____, A. *O Livro dos Espíritos*. Tradução de Guillon Ribeiro. Brasília: FEB, 2004. Disponível em http://www.febnet.org.br/wp-content/uploads/2012/07/135.pdf. Último acesso em 13 de dezembro de 2018.

_____, A. *O Evangelho segundo o Espiritismo*. Tradução de Guillon Ribeiro. Brasília: FEB, 2004. Disponível em https://febnet.org.br/wp-content/themes/portalfeb-grid/obras/evangelho-guillon.pdf. Último acesso em 13 de dezembro de 2018.

_____, A. *Revista Espírita:* Jornal de Estudos Psicológicos: Segundo Volume - Ano de 1859. Tradução de Evandro Noleto Bezerra. Brasília: FEB, 2008.

http://www.febnet.org.br/ba/file/Downlivros/revistaespirita/Revista1859.pdf. Último acesso em 13 de dezembro de 2018.

_____, *Boa Nova*. Brasília: FEB, 1940. Disponível em http://www.oconsolador.com.br/linkfixo/bibliotecavirtual/chicoxavier/boanova.pdf. Último acesso em 13 de dezembro de 2018.

_____, *Paulo e Estevão*. 45 ed. Brasília: FEB, 2017.

Luiz, A. (espírito); XAVIER, F. C. *Missionários da luz*. Brasília: FEB, 2004.

Luiz, A. (espírito); XAVIER, F. C.; VIEIRA, W. *Desobsessão*. Brasília: FEB, 2010.

Lukacs, J. *O fim de uma era*. 1 ed. Rio de Janeiro: Zahar, 2005.

Saxer, V. *Maria Maddalena, santa*. In: Bibliotheca Sanctorum. Volume 8. Collezione 1089. Roma, 1967.

Schwartz, D. R. Anchor Bible Dictionary. Volume 5. Ed. D.N. Freedman. New York: Doubleday, 1992.

Wright, J. *The jesuits*. Element, 2010.

Weber, M. *The protestant ethic and the spirit of capitalism and other writings*. 1th. Penguin Books, 2002.

## SITES

A infância oculta de Jesus. Superabril. https://super.abril.com.br/historia/a-infancia-oculta-de-jesus/. Último acesso em 13 de dezembro de 2018.

Christianity And Education. Banneroftruth. https://banneroftruth.org/us/resources/articles/2002/christianity-and-education/. Último acesso em 13 de dezembro de 2018.

Constitution. Britannica. https://www.britannica.com/topic/constitution-politics-and-law. Último acesso em 13 de dezembro de 2018.

CONTRIBUTIONS OF ISLAMIC CIVILIZATION TO THE WORLD (SCIENCE AND TECHNOLOGY). Academia. https://www.academia.edu/12085180/Contributions_of_Islamic_Civilization_to_the_World_Science_and_technology_. Último acesso em 13 de dezembro de 2018.

CRISTÃOS NIGERIANOS SÃO PERSEGUIDOS EM TODO O PAÍS. Portasabertas. https://www.portasabertas.org.br/categoria/noticias/cristaos-nigerianos-sao-perseguidos-em-todo-pais. Último acesso em 13 de dezembro de 2018.

ENCICLOPÉDIA CATÓLICA POPULAR. http://sites.ecclesia.pt/catolicopedia/artigo.php?id_entrada=1169

ERRO DE TRADUÇÃO TERIA LEVADO A EQUÍVOCO SOBRE VIRGINDADE DE MARIA. SEUHISTORY. https://seuhistory.com/noticias/erro-de-traducao-teria-levado--equivoco-sobre-virgindade-de-maria-video. Último acesso em 13 de dezembro de 2018.

GOOD. Dictionary. https://www.dictionary.com/browse/good. Último acesso em 13 de dezembro de 2018.

MANY COUNTRIES FAVOR SPECIFIC RELIGIONS, OFFICIALLY OR UNOFFICIALLY. Pewforum. http://www.pewforum.org/2017/10/03/many-countries--favor-specific-religions-officially-or-unofficially/. Último acesso em 13 de dezembro de 2018. OS EVANGELHOS APÓCRIFOS. GALILEU. http://revistagalileu.globo.com/Galileu/0,6993,ECT444109-1719-3,00.html. Último acesso em 13 de dezembro de 2018.

Maria Magdalena. Bautz. Biographisch-Bibliographis-chen Kirchenlexikons. www.bautz.de/bbkl/m/ ma-ria_mag.shtml. Fevereiro de 2011.

O Talmud babilônico. Comeandhear. http://www.co-me-and-hear.com/talmud/index.html. Último acesso em 13 de dezembro de 2018.

Papa explica por que Jesus guardava "segredo messiânico". Zenit. https://pt.zenit.org/articles/papa-expli-ca-por-que-jesus-guardava-segredo-messiani-co/. Último acesso em 13 de dezembro de 2018.

The bible and government. Faithfacts. http://www.fai-thfacts.org/christ-and-the-culture/the-bible--and-government. Último acesso em 13 de de-zembro de 2018.

The babylonian talmud. Holybooks. https://holybooks--lichtenbergpress.netdna-ssl.com/wp-content/ uploads/Babylonian-Talmud.pdf. Último aces-so em 13 de dezembro de 2018.

Um outro Jesus. Superabril. https://super.abril.com.br/ historia/um-outro-jesus/. Último acesso em 13 de dezembro de 2018.